Fredy und Sabine Joss
GenussWandern

Fredy und Sabine Joss

GenussWandern Region Jura

ott
der sachbuchverlag   ein unternehmen
www.ott-verlag.ch   der hep verlag ag

Titelbild: Wanderung an den Ufern des Lac de Joux

Fontispiz: Der Lac Vert im Vallée de Tavannes

Fredy und Sabine Joss
GenussWandern
Region Jura
ISBN 978-3-7225-0107-9

Bibliografische Information der Deutschen Bibliothek:
Die Deutsche Bibliothek verzeichnet diese Publikation
in der Deutschen Nationalbibliografie;
detaillierte bibliografische Angaben sind im Internet
über http://dnb.ddb.de abrufbar.

1. Auflage 2010

Alle Rechte vorbehalten
© 2010 hep verlag ag, Bern

Gesamtherstellung: Kösel, Krugzell

Alle Fotos von Sabine und Fredy Joss,
mit Ausnahme des Fotos S. 51, Centre Dürrenmatt Neuchâtel
Kartenausschnitte: Schweizer Wanderwege, Bern

hep verlag ag
Brunngasse 36
CH-3011 Bern

www.ott-verlag.ch

INHALTSVERZEICHNIS

VORWORT 7
WANDER-TIPPS 8
ÜBERSICHTSKARTE 10

WANDERUNGEN

1 La Golisse – Le Pont 11
2 Pétra Félix – Dent de Vaulion – Le Pont 17
3 Vaulion – Romainmôtier – Croy 23
4 Les Brenets – Saut du Doubs – Les Brenets 29
5 La Sagne – Grand Som Martel – Les Ponts-de-Martel 35
6 Noiraigue – Gorges de l'Areuse – Bôle 41
7 Chaumont – Neuchâtel 47
8 Les Bois – Le Noirmont 53
9 Mont Soleil – Les Breuleux 59
10 Chasseral – Villiers 65
11 La Chaux-des-Breuleux – Etang de la Gruère – Les Reussilles 71
12 Tramelan – Courtelary 77
13 Les Prés-d'Orvin – Mont Sujet – Diesse 83
14 Bellelay – Tramelan 89
15 Court – Champoz – Malleray 95

16 Bonfol – Alle **101**
17 Glovelier – St. Ursanne **107**
18 Mettembert – Delémont **113**
19 Farnern – Balmberg **119**
20 Mariastein – Laufen **125**
21 Meltingen – Grellingen **131**
22 Passwang – Wasserfallen – Reigoldswil **137**
23 Gempen – Arlesheim **143**
24 Titterten – Bubendorf **149**
25 Allerheiligenberg – Belchenfluh – Waldenburg **155**
26 Sissacher Fluh – Liestal **161**
27 Frick – Ruine Tierstein – Wittnau **167**
28 Salhöhe – Wasserfluh – Aarau **173**
29 Bänkerjoch – Strihen – Herznach **179**
30 Linn – Staffelegg **185**

ORTSVERZEICHNIS 191

VORWORT

«GenussWandern – Region Jura» setzt das bewährte Konzept seines Vorgängers («GenussWandern – Region Bern») fort: besonders genussvolle Wanderungen über kurze Strecken, geringe Höhendifferenzen und mit Möglichkeiten zur gemütlichen Einkehr.

Die Wanderungen folgen immer markierten Wegen, sodass die Orientierung besonders einfach ist. Die Ausgangs- und Endpunkte sind mit Bahn und Bus erreichbar und bieten meistens auch eine Einkehrmöglichkeit.

Viele Wanderungen sind auch im Winter machbar. Allerdings sind einige Buslinien und viele Bergrestaurants im Winter nicht in Betrieb. Zudem ist besondere Vorsicht und Rücksicht auf die Wetter- und Wegverhältnisse geboten. Bei Schnee und Eis verzichtet man beispielsweise besser auf Wanderungen durch Schluchten, wo es besonders rutschig sein kann. In höheren Lagen müsste man oft mit Schneeschuhen unterwegs sein. Dabei muss man bedenken, dass es auch im Jura Lawinen geben kann. Flache Wanderungen in schneearmen Lagen können aber auch im Winter sehr schön sein.

Diese Genusswanderungen führen durch den Jurabogen zwischen dem Vallée de Joux und dem Fricktal, zwischen Ajoie, Basel und Seeland. Ein paar Gebiete konnten jedoch nicht berücksichtigt werden, weil sie für Genusswanderungen entweder zu steil und zu gebirgig sind, zu schlecht mit dem öffentlichen Verkehr erschlossen, zu viele asphaltierte Wege aufweisen oder zu lange Wanderstrecken über zu viele Höhenmeter erfordert hätten. Trotz dieser kleinen Lücken zeigen die 30 abwechslungsreichen Wanderungen die erstaunliche Vielfalt des ganzen Juras mit seinen unterschiedlichen Natur- und Kulturräumen. Dazu bietet der Führer alle nötigen Informationen zur Planung sowie viel Wissenswertes zu Natur und Kultur.

Wir freuten uns über die vielen schönen Begegnungen und Erlebnisse unterwegs und haben auf unseren Wanderungen oft überraschende und unbekannte Ecken entdeckt. Wir hoffen, dass es Ihnen als Wanderinnen und Wanderer ebenso ergeht und dass Sie schöne Erinnerungen mit nach Hause nehmen.

Wir danken dem ott verlag für die gute Unterstützung unserer Buchidee sowie den Schweizer Wanderwegen und ihren kantonalen Sektionen, welche mit der Instandhaltung und Markierung der Wanderwege eine sehr wichtige Arbeit leisten.

Sabine und Fredy Joss

WANDER-TIPPS

Ausrüstung
Für die Wanderungen in diesem Buch reicht eine normale Wanderausrüstung. Neben bequemen Kleidern sind vor allem gute Schuhe wichtig. Auch für einfache Wanderungen sind stabile Trekkingschuhe angenehmer als beispielsweise weiche Turnschuhe.
Ersatzkleider, die man nach dem Schwitzen oder nach einem überraschenden Regenschauer anziehen kann, sind eine Wohltat.
Dazu gehört immer Sonnenschutz (Hut, Brille, Sonnencrème) und bei unsicheren Wetterprognosen ein Regenschutz. Oft genügt ein kleiner Regenschirm.

Orientierungshilfen
Die Wanderungen folgen immer ausgeschilderten Wanderwegen, die auf den Wanderkarten von swisstopo im Massstab 1:50000 eingezeichnet sind. Oft kommt es vor, dass Wanderwegabschnitte verlegt werden, z.B. wenn ein Weg auf längerer Strecke asphaltiert wird und somit als Wanderweg nicht mehr geeignet ist. Deshalb kann es sein, dass ältere Karten oder Neuausgaben nicht genau den Karten und Beschreibungen in diesem Buch entsprechen. Da mit neuen Wanderwegen auch die Wegweiser angepasst werden, sollten sich durch kleine Abweichungen keine Orientierungsprobleme ergeben.

Schwierigkeiten
Da diese Genusswanderungen in der Regel gut gepflegten Wegen folgen, weisen wir nur in Einzelfällen auf Schwierigkeiten hin. Bei Nässe, Schnee und Eis erfordern allerdings auch leichte Wanderungen besondere Vorsicht wegen der Rutschgefahr. Im Winter beschränkt man sich besser auf flache Wanderungen in schneearmen Lagen. Sonst muss man sich mit den besonderen Anforderungen von Wintertouren auseinandersetzen (Wandern mit Schneeschuhen, Einschätzen der Lawinengefahr usw.). Gemäss der Schwierigkeitsskala des SAC würden fast alle Wanderungen mit dem untersten Grad T1 bewertet, einzelne Varianten mit T2.

Verpflegung
Regelmässige Verpflegungs- und Trinkpausen sind auch auf kürzeren Wanderungen wichtig. Nehmen Sie etwas Picknick und mindestens einen Liter zu trinken mit, bei kühlem Wetter am besten etwas Heisses in der Thermosflasche. Oft entspricht das Durstgefühl nicht dem Flüssigkeitsbedarf des Körpers. Deshalb lohnt es sich, etwas «über den Durst» zu trinken.

Wetter
Wanderungen sind nicht nur bei Sonnenschein schön. Auch Wolken, Nebel, Schnee oder sogar leichter Regen lassen besondere Stimmungen entstehen. Gewitter hingegen können gerade im Jura gefährlich sein, wo sie oft heftig auftreten. **Wetterbericht:** Telefon 162, vom Ausland +41 162, www.meteoschweiz.ch, www.meteotest.ch.

Notfälle

Auch auf leichten Wanderungen sollte man vorsichtig sein. Misstritte, Stürze, eine Unvorsichtigkeit mit dem Sackmesser, Verbrennungen beim Grillen usw. können leider überall passieren. Deshalb empfiehlt es sich, eine kleine Rucksackapotheke mit genügend Verbandsmaterial mitzunehmen. **In Notfällen:** Sanitäts-Notruf: Tel. 144. Rega-Notruf: Tel. 1414. Informationen zur Rega-Gönnermitgliedschaft: www.rega.ch, Tel. 0844 834 844.

Reise

Alle Wanderungen in diesem Buch sind mit öffentlichen Verkehrsmitteln erreichbar. Mit der Benützung von Bahn und Bus leistet man einen persönlichen Beitrag zur Verminderung der Treibhausgase und zur Verbesserung der Luftqualität. Allein der Freizeitverkehr in der Schweiz macht mit über 60 Milliarden Kilometern mehr als die Hälfte des gesamten Verkehrs aus. Die Benutzung des öffentlichen Verkehrs bietet zudem viele Vorteile. Unter anderem muss man nicht immer an den gleichen Ausgangspunkt zurückkehren und kann sich nach einer Wanderung staufrei und entspannt nach Hause chauffieren lassen. **Fahrplan im Internet:** www.sbb.ch.

Zu einigen abgelegenen Orten im Jura würde sich ein dichter Fahrplan nicht lohnen, weil die Postautos sonst meistens leer fahren würden. Auf solchen Linien wird häufig ein Rufbus (PubliCar) eingesetzt. Das Rufbussystem hat sich bewährt und man kommt damit fast zu jeder Zeit überall hin. Man muss nur etwas im Voraus planen und sich meistens am Vortag beim Rufbus anmelden. Die Informationen dazu findet man im Kursbuch oder im Internet.

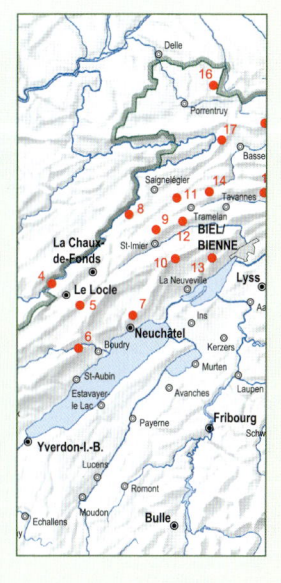

Abfälle

Bitte nehmen Sie alle Abfälle wieder mit. Seien Sie sich nicht zu schade, auch einmal störenden Abfall von anderen mitzunehmen. In einem zusätzlichen Plastiksack verpackt, machen Abfälle Ihren Rucksack auch nicht schmutzig. So wie Sie saubere Wege schätzen, werden Ihnen andere dankbar sein.

Hunde

Wenn Wildtiere in der Nähe sind, nehmen Sie Ihren Hund im Zweifelsfall sofort an die Leine. Von wildernden Hunden werden jährlich Tausende von Wildtieren verletzt und viele gehen danach qualvoll zugrunde. Bitte beachten Sie, dass in Naturschutzgebieten strikter Leinenzwang gilt. Lassen Sie zudem Ihren Hund nicht in Brunnentrögen baden. Dies verunreinigt das Trinkwasser für die Kühe.

Pflanzen

Blumen sind am schönsten in der Natur, bitte lassen Sie sie stehen. Wer nach Ihnen vorbeiwandert, kann sich so auch noch an den Blüten am Wegrand freuen. Für viele Pflanzenarten ist es zur Vermehrung sehr wichtig, dass sie absamen können und nicht vorher gepflückt werden.

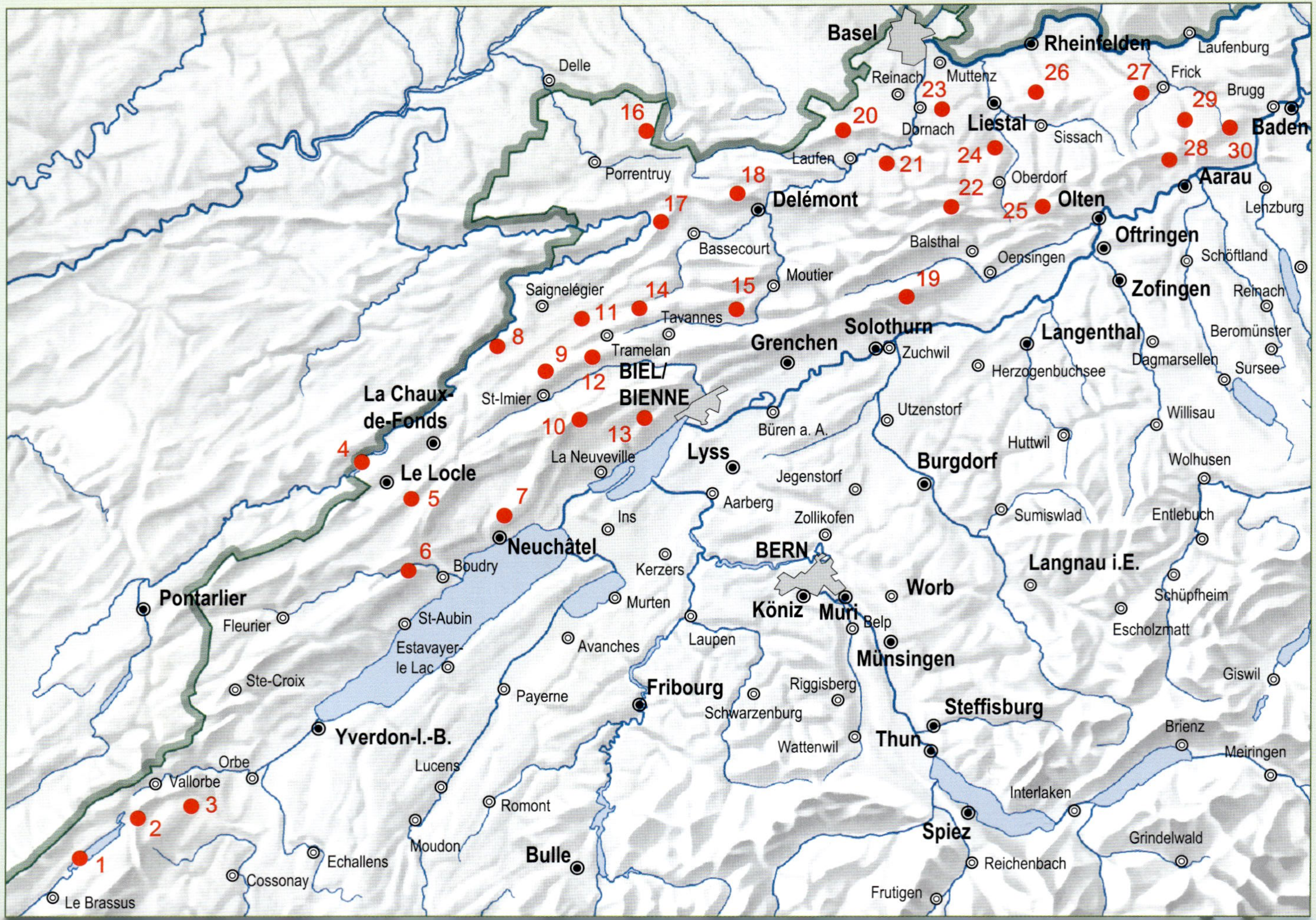
Basel
Rheinfelden
Laufenburg
Delle
Reinach
Muttenz
Frick
Brugg
Baden
Liestal
Dornach
Sissach
Porrentruy
Laufen
Oberdorf
Aarau
Lenzburg
Delémont
Olten
Oftringen
Schöftland
Balsthal
Oensingen
Bassecourt
Moutier
Zofingen
Reinach
Saignelégier
Tavannes
Tramelan
Solothurn
Grenchen
Zuchwil
Langenthal
Beromünster
Dagmarsellen
Sursee
Herzogenbuchsee
BIEL/
BIENNE
St-Imier
La Chaux-
de-Fonds
Le Locle
La Neuveville
Büren a. A.
Utzenstorf
Willisau
Huttwil
Wolhusen
Lyss
Jegenstorf
Burgdorf
Aarberg
Zollikofen
Sumiswald
Entlebuch
Ins
Neuchâtel
Boudry
Kerzers
BERN
Langnau i.E.
Worb
Köniz
Muri
Belp
Schüpfheim
Escholzmatt
Pontarlier
Fleurier
Murten
St-Aubin
Estavayer-
le Lac
Avanches
Laupen
Münsingen
Giswil
Ste-Croix
Payerne
Fribourg
Schwarzenburg
Riggisberg
Steffisburg
Yverdon-l.-B.
Wattenwil
Thun
Brienz
Meiringen
Orbe
Vallorbe
Lucens
Interlaken
Romont
Spiez
Moudon
Echallens
Bulle
Grindelwald
Reichenbach
Cossonay
Le Brassus
Frutigen
1
2
3
4
5
6
7
8
9
10
11
12
13
14
15
16
17
18
19
20
21
22
23
24
25
26
27
28
29
30

LA GOLISSE – LE PONT 1

An den Ufern des Lac de Joux

Das Vallée de Joux ganz im Westen der Schweiz ist für viele Wanderinnen und Wanderer noch ein unbekannter Fleck. Liegt es daran, dass es von hohen Jurabergen vom Rest der Welt etwas abgeschirmt ist? Das Hochtal liegt bereits auf etwa 1000 Meter über Meer. Trotzdem erheben sich auf beiden Talseiten noch viel höhere Bergrücken. Auf der Südseite ist das Vallée de Joux vom Mont Tendre begrenzt. Der Mont Tendre ist mit 1679 Meter über Meer der höchste Punkt des Schweizer Juras. Höher hinauf gehts im Jura nur noch auf der Crêt de la Neige westlich von Genf auf französischem Boden.

Blick vom Naturschutzgebiet über den Lac de Joux zu den Hängen des Mont Tendre

Von der Beobachtungsplattform (bei der «Tête du Lac») sieht man über die ganze Länge des Lac de Joux.

Ein wunderschöner Uferweg führt entlang dem Lac de Joux.

Die Nordseite des Vallée de Joux wird vom Mont Risoux und dem gleichnamigen Wald, dem Grand Risoux, abgeschlossen. Er ist der grösste zusammenhängende Wald der Schweiz, und auf französischer Seite setzt sich der Wald noch kilometerweit fort. Bis Ende des 18. Jahrhunderts lebten noch Bären und Wölfe im damals undurchdringlichen Urwald. Heute wird der Wald zwar bewirtschaftet, aber er hat noch einiges von seiner Wildnis bewahrt. Neben wenigen grösseren Lichtungen ist das Dorf Chapelle-des-Bois auf französischer Seite die einzige Siedlung in diesem 120 Quadratkilometer grossen Waldgebiet. Nicht verwunderlich, dass «Joux» ein altes französisches Wort für «Wald» sein soll.

Unsere Wanderung beginnt am Bahnhof von Solliat-Golisse am Westende des Sees, geht am Nordufer des Lac de Joux entlang und endet in Le Pont am östlichen Ende des Sees. Am Anfang der Wanderung lohnt sich ein Abstecher ins Vogelschutzgebiet La Golisse. Man kann dem Wegweiser zur Tête du Lac folgen. Durch Auenwäldchen und Schilfzonen gelangt man zu einer Beobachtungsplattform am Seeufer, die eine reizvolle Sicht über das schilfgesäumte Ufer und den langen See bietet.

Auf dem gleichen Weg wandert man aus dem Schutzgebiet zurück und weiter in Richtung Le Pont. Bei Le Rocheray, wo ein grosses Hotel-Restaurant am Ufer steht, geht es an schönen Wochenenden oft recht touristisch zu und her. Verständlich, denn das Spielen am Wasser, die Sicht über den See und zu den bewaldeten Hängen des Mont Tendre sind wunderschön. Später teilt man die Wanderwege nur noch mit wenigen Gleichgesinnten.

Das Strässchen, das zunächst dem See entlangführt, wird bald von einem Pfad abgelöst, der ganz nahe am Ufer liegt. Streckenweise trennen nur einige Steinblöcke den Weg vom Wasser, manchmal reichen aber auch lange, mit Weiden bewachsene Kiesbänke in den See hinaus.

Etwa auf halber Strecke führt der Weg im Zickzack die steile Uferböschung hinauf auf den bewaldeten Rücken namens Le Revers. Hinter diesem Rücken liegt Le Lieu. Wir bleiben jedoch oben und wandern der Höhe entlang weiter. Mit etwas Glück kann man hier auch Gämsen begegnen. Immer wieder bietet sich ein schöner Ausblick nach rechts über den Lac de Joux, später auch nach links zum Lac Brenet. Schon bald senkt sich der Weg wieder ab nach Le Pont. Im See steht die mächtige Betonskulptur eines Pegasus, eines geflügelten Pferdes. Es ist das Wahrzeichen von Le Pont. Der sonnige Quai lädt dazu ein, noch etwas Zeit am See zu verbringen.

Die Höhenlage und Abgeschlossenheit des Tales begünstigen ein sehr raues Klima. In klaren Winternächten, in sogenannten Strahlungsnächten, bilden sich im Vallée de Joux häufig Kaltluftseen mit Temperaturen bis −30 °C. Deshalb friert der Lac de Joux relativ rasch und regelmässig zu. Dann ist es möglich, der Länge nach über den ganzen See zu wandern. Mit warmen Kleidern ausgerüstet, lohnt sich auch einmal im Winter ein Besuch im Vallée de Joux.

Vom Rücken «Le Revers» blickt man nach Le Lieu hinunter.

Das Klima kann rau sein im Vallée de Joux, aber an sonnigen Tagen lädt der Quai von Le Pont zum Flanieren und Verweilen ein.

14 **An den Ufern des Lac de Joux**

Auf den offenen Flächen können manchmal Gämsen beobachtet werden.

EIS UND EISEN

Eine veritable Eis-Industrie beherbergte das Dorf Le Pont vom 19. bis Anfang des 20. Jahrhunderts. Hier, am östlichen Ende des Lac de Joux, stand eine Eisfabrik. Vom Lac de Joux und Lac Brenet, die in den damaligen Wintern bis zu 60 Zentimeter tief einfroren, wurde Eis gewonnen und bis in den Sommer gelagert. Mit Fuhrwerken wurde das Eis über den Pass Pétra Félix zum Bahnhof Croy transportiert. Von hier aus wurde es zu Spitälern und Brauereien weitergeführt. Später, um 1886, baute man eigens für den Eis-Handel die Zuglinie Vallorbe – Le Pont. So wurde es möglich, dass das begehrte Eis bis nach Paris befördert wurde. In heissen Sommern sollen sogar täglich Extrazüge mit Eis von Le Pont nach Paris gefahren sein. 1936 wurde der Eishandel aufgegeben.

Ebenfalls alt, doch weniger rasch geschmolzen als die Eis-Industrie ist die Eisen-Industrie. Im nahe gelegenen Vallorbe soll schon 1258 die erste Schmiede entstanden sein. Nicht zuletzt dank der günstigen Verkehrslage an der Bahnlinie Mailand – Paris konnte sich eine noch heute erfolgreiche Metallindustrie entwickeln. Von besonderer Bedeutung sind die feinen Bestandteile für die Uhrenindustrie, die nach wie vor im Vallée de Joux verbreitet ist.

ROUTE | Bahnhof Solliat-Golisse – Tête du Lac (Schutzgebiet) – Le Rocheray – Le Lieu – Le Pont

Anreise
Mit dem Zug bis Solliat-Golisse. Verbindungen meistens via Lausanne und mit Umsteigen in Le Day, oder via Yverdon-les-Bains und mit Umsteigen in Cossonay und Le Day.

Rückreise
Ab Le Pont mit dem Zug auf den gleichen Linien.

Wanderzeit
3 Std.

Karte
Wanderkarte 1:50 000 251T La Sarraz

Einkehren/Übernachten
Hotels und Restaurants in Le Sentier, La Rocheray, Le Lieu und Le Pont.
Café Restaurant «La Gloriette», La Golisse: Tel. 021 845 56 43.

Varianten
Ohne Abstecher ins Schutzgebiet (Tête du Lac) ca. 30 Min. kürzer.

Informationen
Vallée de Joux Tourisme: Tel. 021 845 17 77, www.myvalleedejoux.ch.

Hinweis
Auch im kalten Winter lohnend. Wenn der See gefroren ist, kann man über die Eisfläche wandern, gleiten oder mit Schlittschuhen laufen.

PÉTRA FÉLIX – DENT DE VAULION – LE PONT

2

Wo schon Goethe die Aussicht genoss

Der grosse Dichter wusste auch nicht alles: Wie aus seinen «Briefen aus der Schweiz» zu entnehmen ist, hielt Goethe die Dent de Vaulion für den höchsten Jura-Gipfel nach der La Dôle. Mit 1482 Meter über Meer ist die Dent de Vaulion aber nur ein durchschnittlich hoher Berg. Trotzdem hatte Goethe mit der Besteigung dieses Gipfels – während seiner Schweizerreise von 1779 – eine gute Wahl getroffen, denn die Aussicht von diesem Berg ist tatsächlich wunderschön. Während jedoch Goethe noch in stundenlangem Pferderitt anreisen musste, bis er sich zu Fuss zur Besteigung aufmachen konnte, ist die Wanderung heute mit Zug und Bus erreichbar und zählt deshalb zu den Genusswanderungen.

Zum Ausgangspunkt der Wanderung, der Haltestelle Pétra Félix auf der Postautolinie des Col du Mollendruz, fährt allerdings nur am Sonntag ein Postauto, und zwar für Wandernde mit nur einer sinnvollen Verbindung pro Tag. Man sollte die Anreise also etwas planen. Man kann aber auch gut in Le Pont starten, diesem Strassenzeilendorf zwischen dem Ufer des Lac de Joux und den steilen Berghängen, die sich gleich hinter dem Dorf erheben. In Le Pont kann man sich auch noch einen Morgentrunk genehmigen, während bei Pétra Félix keine Einkehrmöglichkeit besteht. Ab Le Pont dauert dafür die ganze Wanderung etwas mehr als drei Stunden. Wem dies nichts ausmacht, der folgt ab Le Pont den Wegweisern durch abwechslungsreiche Landschaften nach Pétra Félix, wo die eigentliche Hauptroute beginnt.

Auch Pétra Félix ist bereits ein kleiner Pass zwischen dem Vallée de Joux und dem Tal von Vaulion, das auf der Karte keinen Namen trägt,

Blick von Le Pont
über den Lac de Joux

aber in der Regel Vallon du Nozon – nach dem Bach Le Nozon – genannt wird. Bei Pétra Félix verläuft in Nord-Süd-Richtung eine Schicht aus härterem Kalk, weshalb das Gestein hier auf höherem Niveau erhalten blieb, während beidseits des Passes die Erosion die beiden Geländekammern ausformte.

Der Wanderweg beginnt als breiter Flurweg und verläuft zuerst nur sanft ansteigend entlang dieses härteren, bewaldeten Kalkrückens. Bald verengt sich der Weg zum schmalen Wanderpfad und steigt mehr und mehr gegen die Dent de Vaulion an. Wenig unterhalb des Gipfels steht das Bergrestaurant «Chalet de la Dent de Vaulion». Das schön gelegene Gasthaus ist kein Geheimtipp mehr, wie man an schönen Wochenenden am regen Besuch erkennt. Das Chalet ist auch mit dem Auto erreichbar, sodass sich viele Gäste auch ohne vorherigen Kalorienverbrauch ein Käsefondue gönnen.

Vom Chalet aus sind es nur noch zehn Minuten zum Gipfel. Von der Aussicht lassen wir Goethe schwärmen: «Nur die hohen Gebirgsketten waren unter einem klaren und heitern Himmel sichtbar, alle niederen Gegenden mit einem weissen wolkigen Nebelmeer überdeckt, das sich von Genf bis nordwärts an den Horizont erstreckte und in der Sonne glänzte. Daraus stieg ostwärts die ganze reine Reihe aller Schnee- und Eisgebirge, ohne Unterschied von Namen der Völker und Fürsten, die sie zu besitzen glauben, nur einem grossen Herrn und dem Blick der Sonne unterworfen, der sie schön rötete. Der Montblanc gegen uns über schien der höchste, die Eisgebirge des Wallis und des Oberlandes folgten, zuletzt schlossen niedere Berge des Kantons Bern. Gegen Abend [Westen] war an einem Platze das Nebelmeer unbegrenzt, zur Linken in der weitesten Ferne zeigten sich sodann die Gebirge von Solothurn, näher

Die Nebel lichten sich um das Bergrestaurant «Chalet de la Dent de Vaulion», bald wird man sich auf der Sonnenterrasse verpflegen können.

Wunderschöne Sicht vom Gipfel auf den Lac de Joux (links) und den Lac Brenet

Panoramatafel, Sitzbank und Gipfelsignal auf der Dent de Vaulion. Auch eine Antenne «ziert» den Gipfel, steht aber etwas abseits.

PÉTRA FÉLIX – DENT DE VAULION – LE PONT

Durch hügeliges Gelände mit Weiden und Waldstücken führt der Weg zum Moor «La Sagne Vuagnard» hinunter.

Auf der Variante wandert man nordöstlich des Gipfels einem scharfen Grat entlang.

die von Neuchâtel, gleich vor uns einige niedere Gipfel des Jura, unter uns lagen einige Häuser von Vaulion, dahin die Dent gehört und daher sie den Namen hat» (Johann Wolfgang von Goethe: «Briefe aus der Schweiz. Zweite Abteilung», Eintrag vom 27. Oktober 1779).

Bei Nebelmeer auf der Dent de Vaulion zu stehen, ist ein herrliches Erlebnis. Dafür muss man auf den Blick zum Genfersee verzichten, den man von hier oben auch sehen könnte. Wer nach Le Pont absteigt, geht zuerst auf dem gleichen Weg zurück zum Chalet, wo sich die Wege verzweigen. Für den weiteren Abstieg wählt man nun die Richtung Le Pont (unser Aufstieg kam aus der Richtung Pétra Félix). Über Petite Dent Dessus und Petite Dent Dessous geht es ziemlich zügig abwärts. Fast im Tal unten durchquert man das Moor «La Sagne Vuagnard», eine romantische Senke, die eingebettet zwischen der Dent de Vaulion und ein paar Wald- und Felshöckern liegt. Zwischen zwei dieser Felsen führt das letzte Stück des Weges schluchtartig hinunter nach Le Pont. Wer die Wanderung auch in Le Pont begonnen hat, kennt den Weg bis zum Moor bereits, aber diese ansprechende Landschaft zweimal aus verschiedenen Perspektiven zu erleben, ist bestimmt kein Nachteil.

Um die Dent de Vaulion gibt es noch zahlreiche schöne Wanderrouten. Sehr lohnend ist der Abstieg gegen Nordosten, wobei eine Passage gleich unter dem Gipfel etwas mehr Trittsicherheit erfordert. Nachdem man den bewaldeten Grat, der zuweilen links sehr steil abfällt, überquert hat, kann man entweder nach Vallorbe absteigen oder auf die andere Seite nach Vaulion. Wer Vaulion als Ziel wählt, sollte wieder die Postautoverbindungen etwas im Auge behalten, da der Fahrplan hier auch ziemlich dünn ist. Man kann aber auch einen Rufbus (PubliCar) bestellen. Eine weitere Möglichkeit wäre, in Vaulion zu übernachten und am nächsten Tag durchs Tal des Nozon nach Romainmôtier zu wandern (siehe Wanderung Nr. 3, Seite 23).

Das Dorf Vaulion weit oben im Vallon du Nozon ist eines der Ziele, die man beim Abstieg von der Dent de Vaulion anstreben kann.

ROUTE Pétra Félix – Dent de Vaulion – Petite Dent Dessous – Le Pont

Anreise
Mit dem Zug bis Le Pont. Verbindungen meistens via Lausanne und mit Umsteigen in Le Day, oder via Yverdon-les-Bains und mit Umsteigen in Cossonay und Le Day. In Le Pont umsteigen auf das Postauto nach «Pétra Félix».

Rückreise
Ab Le Pont mit dem Zug auf den gleichen Linien.

Wanderzeit
Pétra Félix – Dent de Vaulion: 1 Std. 10 Min.
Dent de Vaulion – Le Pont: 1 Std. 20 Min.

Karte
Wanderkarte 1:50 000 251T La Sarraz

Einkehren/Übernachten
Hotels und Restaurants in Le Pont.
Bergrestaurant «Chalet de la Dent de Vaulion»: Tel. 021 843 28 36. Täglich von Mitte Mai bis Ende Oktober geöffnet.

Varianten
Von le Pont nach Pétra Félix wandern (statt mit dem Postauto fahren), zusätzlich ca. 45 Min.
Dent de Vaulion – Vallorbe (Bahnhof, Hotels und Restaurants), 2 Std.
Dent de Vaulion – Vaulion (Postauto oder Rufbus, Hotels und Restaurants), 1 Std. 10 Min.

Informationen
Vallée de Joux Tourisme: Tel. 021 845 17 77, www.myvalleedejoux.ch.
Office du tourisme Vallorbe: Tel. 021 843 25 83, www.vallorbe-tourisme.ch.

Hinweis
Die Varianten nach Vallorbe oder Vaulion erfordern beim Abstieg von der Dent de Vaulion auf einer steinigen, steileren Passage gleich unterhalb des Gipfels etwas mehr Trittsicherheit.

VAULION – ROMAINMÔTIER – CROY

3

Wilde Schlucht und uralte Klostermauern

Trotz dünnem Postautofahrplan kommt man dank dem Rufbussystem (PubliCar) recht gut nach Vaulion, diesem sympathischen Dorf weit oben im Vallon du Nozon. Vielleicht muss man auch gar nicht erst anreisen, sondern hat bereits am Vortag die Wanderung über die Dent de Vaulion unternommen und im Dorf Vaulion übernachtet (siehe Wanderung Nr. 2, Seite 17). Erstaunlich wie sich in diesem Dorf bereits früh neben der Landwirtschaft auch das Handwerk etablierte. Bereits im 16. Jahrhundert entwickelte sich in Vaulion die Weberei, wenig später die Schuhmacherei, Gerberei und sogar das Eisenwerk. Heute ist das Dorf stolz auf ihre Spitzensportlerin Gabrielle Magnenat. Die Skibergsteigerin belegt seit ein paar Jahren in Weltmeisterschaften im Skibergsteigen oder in Skitouren-Rennen wie der berühmten «Patrouille des Glaciers» regelmässig Spitzenplätze und stellt immer wieder Rekordzeiten auf.

Attraktiver Wanderweg über mehrere Brücken im Vallon du Nozon

Auf seinem Weg schiesst der Nozon über mehrere rauschende Wasserfälle.

Unterhalb des Dorfes zweigt der Wanderweg von der Strasse weg auf die andere Talseite. Dabei überquert man zum ersten Mal den Nozon. Der hier noch kleine Bach entspringt nur etwa zwei Kilometer weiter oben am Fuss einer Felswand aus einer Karstquelle, dem «Cul de Nozon». Eine Karstquelle ist in der Regel das Ende eines Höhlensystems, an dem ein unterirdischer Bach die Erdoberfläche erreicht. Karstgebiete sind Böden, die aus zerklüftetem Kalkgestein bestehen, wo das Regenwasser schnell versickert, sich in unterirdischen Gängen sammelt und unter Umständen erst nach kilometerlangen Wegen irgendwo an Berghängen oder in einem Tal wieder zu Tage tritt. Der Nozon hat weiter unten tiefe Schluchten in den Jura gegraben, bevor er in die «Plaine de l'Orbe» hinausfliesst, wo er kanalisiert wird und sich mit den Flüssen Talent und Orbe zur Thielle vereinigt. Deutschschweizerinnen und -schweizer können mit dem Begriff «Thielle» oft nicht viel anfangen, dafür aber mit dem Namen «Zihl». Thielle heisst der Fluss bis er bei Yverdon-les-Bains in den Neuenburgersee mündet, zwischen Neuenburger- und Bielersee trägt er dann den deutschen Namen Zihl. Normalerweise denkt man dabei an den Zihlkanal, was nur verständlich ist, denn vom ursprünglichen Flussbett ist kaum mehr etwas übrig geblieben. Wenn übrigens die Aare, die in den Bielersee fliesst, Hochwasser führt, kann die Zihl auch rückwärts fliessen. Dann wirkt der Neuenburgersee als Ausgleichsbecken. Und irgendwann werden die Regentropfen, die der Nozon gesammelt hat, mit dem Rhein in die Nordsee fliessen.

Die Wasserkraft des Nozon wurde seit dem Mittelalter für Sägereien, Schmieden und Mühlen genutzt. Einige Flurnamen auf der Karte verraten noch einstige Standorte solcher Betriebe.

Die Wanderung schlängelt sich nach der Überquerung des Nozon auf einem Waldweg etwas erhöht der südlichen Talseite entlang, bis der Weg auf einmal wieder zu einer alten Sägerei am Nozon hinunterführt. Dem Bach entlang gelangt man zu einer Strasse, der man ein kurzes Stück bis in den Wald hinein folgt. Dann zweigt der kleine Pfad wieder ab und taucht in eine überraschend wilde Schluchtlandschaft ab. Der Nozon wird zum schäumenden Wildbach, schiesst über mehrere Wasserfälle, sprudelt um Felsblöcke, eilt über glatt geschliffene Kalkplatten und arbeitet unermüdlich daran, seine Schlucht immer tiefer auszuschwemmen. Der Wanderweg führt über mehrere Brücken, entlang von mossbewachsenen Steinen und Bäumen, mal nahe am rauschenden Wasser und mal oberhalb des Flussbettes der steilen Talseite entlang.

Wo das Gelände wieder flacher wird und der Nozon sich beruhigt, wird er von einer weiteren Karstquelle gespeist, der Source de la Diey. Sie liegt etwas oberhalb des Wanderweges. Auf einem kurzen Abstecher kann man dort sehen, wie das Wasser aus dem Boden quillt. Nach dem Naturschauspiel der Nozonschlucht erwartet uns nun ein kultur-historischer Höhepunkt: Romainmôtier und sein berühmtes Kloster. Das schmucke Dorf selbst ist ein Rundgang wert und lädt auch zum gemütlichen Verweilen in seinen Restaurants und Tee-Häusern ein. Hauptanziehungspunkt des Dorfes ist natürlich das Kloster mit der grössten und ältesten romanischen Kirche der Schweiz. Ein Besuch dieser Gemäuer mit einer 1500-jährigen Geschichte ist sicher ein Muss.

Wer viel Zeit mit Besichtigen und Einkehren verbringt, kann die Wanderung auch hier beenden. Regelmässig fahren Busse von Romainmôtier zum Bahnhof Croy. Der Rest der Wanderung dauert jedoch auch nicht mehr lange, knapp eine halbe Stunde. Der Weg führt unterhalb von Romainmôtier wieder ein Stück dem Nozon entlang, folgt nach einer Brücke einem Bewässerungskanal entlang von Wiesen, Weiden und Gärten der ersten Häuser von Croy. Nun geht es nach links ins Dorf und zum Bahnhof. Wer gerne noch weiterwandert oder für einen zweiten Ausflug anreist, kann auch nach rechts abbiegen und nach St. Loup und La Sarraz wandern. Auf dieser Strecke erlebt man noch einmal die Kraft des Nozon in einer eindrücklichen Schlucht.

Das naturbelassene Tal des Nozon macht einen wilden Eindruck.

Sanft und eben geht es im flachen Talboden Romainmôtier entgegen.

DAS KLOSTER ROMAINMÔTIER

Das Benediktinerkloster Romainmôtier wurde nach einer Legende von St. Romain in der Mitte des 5. Jahrhunderts gegründet, als erste Klostergründung auf dem Boden der heutigen Schweiz. Von St. Romain soll auch der Name des Klosters stammen. Es könnte aber auch sein, dass das Kloster den Namen im Jahr 753 erhielt, als Papst Stephan II. die Abtei besuchte und sie «Romanum monasterium» nannte, indem er das Kloster direkt dem Heiligen Stuhl unterstellte. Wie so oft in der Geschichte gab es auch in Romainmôtier Machtkämpfe, Verheerungen, Zerstörungen und Wiederaufbauten. In der Reformationszeit wurde das Kloster aufgehoben, die Kirche reformiert, Ausstattungen entfernt und Wandmalereien übertüncht. Heute ist die romanische Stiftskirche die bedeutendste Sehenswürdigkeit von Romainmôtier. Die Kirche wurde um das Jahr 1000 von clunianzensischen Mönchen auf den Ruinen der früheren Klosterbauten aus dem 5. und 7. Jh. aufgebaut. Die Kirche besitzt einen kreuzförmigen Grundriss mit einem dreischiffigen Langhaus und einem Querschiff. Sie hat die Zeit fast unverändert überstanden. Im 20. Jahrhundert entdeckte man den Wert dieses Baudenkmals. Es wurde umfassend renoviert, Ausgrabungen brachten alte Gemäuer ans Licht und die unter dem Verputz hervorgeholten Fresken wurden restauriert.

1000 Jahre Geschichte haben die heute noch bestehenden Mauern der Klosterkirche von Romainmôtier gesehen, doch sogar schon 500 Jahre früher stand hier das erste Kloster.

Beschaulicher Schluss des Wanderweges kurz vor Croy

ROUTE Vaulion – Nidau – Gorges du Nozon – Romainmôtier – Croy

Anreise
Mit dem Zug via Lausanne oder Yverdon-les-Bains nach Croy-Romainmôtier. Umsteigen auf das Postauto nach «Vaulion, poste», je nach Reisezeit mit PubliCar (Rufbus).

Rückreise
Ab Croy-Romainmôtier mit dem Zug auf den gleichen Linien.

Wanderzeit
2 Std. 15 Min.

Karte
Wanderkarte 1:50 000 251T La Sarraz

Einkehren/Übernachten
Hotels und Restaurants in Vaulion, Romainmôtier und Croy.

Varianten
Man kann auch bei der Postautohaltestelle «Vaulion, Nidau» die Wanderung beginnen. So erlebt man immer noch den interessantesten Teil der Nozon-Schlucht. Die Wanderung wird etwa 45 Min. kürzer.
Als schöne Verlängerung oder als zweite Wanderung: Von Croy durch das Tal des Nozon via St. Loup bis La Sarraz (Bahnhof, Hotels und Restaurants). Interessante Strecke mit Wasserfällen, Felswänden und dichtem Buchswald. Croy – La Sarraz 1 Std. 30 Min.

Informationen
Association touristique de Romainmôtier et du Vallon du Nozon: Tel. 024 453 14 65, www.romainmotier.ch.
www.valnozon.ch, www.vaulion.ch.

LES BRENETS – SAUT DU DOUBS – LES BRENETS

4

Fluss- und Seewanderung mit Schifffahrt kombiniert

Die Zuglinie zwischen Le Locle und Les Brenets ist wahrscheinlich eine der kürzesten im Schweizer Schienennetz. Keine zehn Minuten dauert die Fahrt von Le Locle zur Endstation Les Brenets. Der Zug, von der Länge her eher ein Tram, durchstösst mehrere Tunnels, kurvt um Geländeecken und verbindet die weitläufige Fläche um Le Locle mit dem tiefen Tal des Doubs. Viele Erlebnisse auf kurzer Strecke, ein Muss für jeden Eisenbahnfan, ein wichtiger Zweig im Verkehrsnetz für die Bevölkerung und ein vielversprechender Zubringer für Wanderinnen und Wanderer.

Das Dorf Les Brenets liegt etwas unterhalb des Bahnhofs am Hang gegen den Doubs hinunter. Unsere Route geht aber erst mal aufwärts. Hinter dem Bahnhof wandert man um die Geleise herum und steigt abwechselnd auf Strassen und Quartierwegen hinauf durch den Ortsteil Le Châtelard zu einem kleinen Pass, wo sich mehrere Strässchen kreuzen. Man wandert noch ein kurzes Stück auf der Strasse gegen rechts und kann dann auf den Wanderweg abbiegen, der den Hügel hinaufführt

Verwinkelte Treppen führen durch den «Jürgensen-Turm» bis auf die Zinnen-Terrasse hinauf.

LES BRENETS – SAUT DU DOUBS – LES BRENETS   29

Aussicht vom «Jürgensen-Turm» auf Les Brenets hinunter

Wer entdeckt die gut getarnten Erdkröten in der Nähe des Saut du Doubs?

Fluss- und Seewanderung mit Schifffahrt kombiniert

zum «Jürgensen-Turm» oder «Tour Jürgensen». Der nordisch klingende Name des Turms kommt nicht von ungefähr. Der Erbauer des Turmes war der dänische Uhrmacher Jules Frederik Jürgensen (1808–1877). Jürgensen lebte einige Zeit in Les Brenets, wo er einerseits als Uhrmacher arbeitete, andererseits als Übersetzer einiger Werke des Schriftstellers und Landsmanns Hans-Christian Andersen. Dieser besuchte Les Brenets mehrere Male und schrieb auch von seinen Spaziergängen in der Umgebung. Man weiss bis heute nicht, warum Jürgensen diesen Turm bauen liess. Eine Legende sagt, dass er immer zu seiner grossen Liebe auf der anderen Seite der Grenze sehen wollte. Der Turm erlebte eine wechselvolle Geschichte und war noch vor wenigen Jahren dem Einsturz nahe, als sich eine Interessengemeinschaft bildete, die den Turm retten und renovieren konnte.

Der Aussichtsturm auf dem Waldhügel überragt die umliegenden Bäume. Über ein verwinkeltes Treppensystem gelangt man auf die Spitze mit den Zinnenmauern und erhält eine schöne Aussicht auf Les Brenets, das Tal des Doubs und über die Grenze zum französischen Villars-le-Lac. Dieses Dorf mit seinen ausufernden Häuschen-Siedlungen fällt zwar nicht gerade positiv auf, regt aber immerhin zum Nachdenken über mehr oder weniger sinnvolle Bodennutzung an. Abgesehen davon schweift der Blick über eine liebliche Jura-Region. Bei schönem Wetter vergisst man leicht, wir rau das Kima im Juragebirge eigentlich ist. Das Val de La Brévine, wo im Januar 1987 mit −41.8 °C der Kälterekord der Schweiz gemessen wurde, liegt ganz in der Nähe. Und auch der Kältepol von Frankreich liegt im Jura, und zwar in Mouthe, wo der Doubs entspringt und wo im Januar 1985 −41 °C gemessen wurden. Im Jura gibt es einige abgeschlossene Hochtäler, die auf über 1000 Meter über Meer liegen. Hier kann sich während klaren Winternächten die Kaltluft ansammeln und sogenannte Kälteseen bilden. Ebenfalls klimatisch bedingt liegt die Waldgrenze in diesem Teil des Juras auf lediglich 1400 bis 1500 Meter über Meer. Darüber befinden sich relativ karge Bergweiden.

Nach dem Genuss der Aussicht folgt man am besten dem Wanderweg weiter auf der anderen Seite des Hügels abwärts, bis man auf den Querweg stösst, der Les Brenets mit La Caroline verbindet. Hier wendet man sich nach rechts und wird so zurück nach Les Brenets geführt. Noch am Rand des Dorfes biegt man links ab und wandert zur Schiffstation nach Bourg Dessous hinunter. Die Schifffahrt gönnen wir uns aber erst als Abschluss und wandern nun dem Seeufer entlang in Richtung Saut du Doubs.

Der Lac des Brenets wurde vor etwa 14 000 Jahren durch einen Bergsturz aufgestaut. Der See ist ein touristischer Anziehungspunkt, im Sommer für Wassersport und Fischen, aber auch im Winter, wenn bei genügend tiefen Temperaturen der See zu einer riesigen Natureisbahn gefriert. Bald steigt der Wanderweg an und mündet in ein Strässchen. Diesem folgt man ein Stück weit, bis ein Wegweiser zur Tête de Calvin zeigt. Die Tête de Calvin ist eine schmale Felsbastion, die keilförmig

Vom Aussichtsfelsen «Tête de Calvin» blickt man auf den Lac des Brenets im Canyon des Doubs.

LES BRENETS – SAUT DU DOUBS – LES BRENETS

Aussichtsplattformen beidseits des Saut du Doubs. Noch ahnt man nicht, welches Schauspiel man dort zu sehen bekommt.

in den Lac des Brenets hineinragt. Auf dem flachen, aber etwas ausgesetzten Plateau hat man eine prächtige Sicht über den Lac des Brenets, der von hier oben eher den Eindruck eines breiten, mäandrierenden Flusses macht, der sich einen tiefen Canyon in die Kalkfelsen gegraben hat. Hinter der Tête de Calvin führt ein etwas ruppiger Pfad wieder zum Strässchen hinab. Wer nicht schwindelfrei und nicht so trittsicher ist, verzichtet besser auf diese Passage und umgeht die Tête de Calvin auf dem Strässchen.

Wenig später erreicht man das Ende des Sees, wo Hotels und Restaurants stehen. Doch wir wandern noch weiter, entlang des jetzt wieder rauschenden Flusses und erreichen nach wenigen Minuten den donnernden Saut du Doubs. Über eine 27 Meter hohe Stufe fällt der Doubs hinunter in den nächsten See, den Lac de Moron, der jedoch künstlich gestaut ist. Die Wasserfallstufe ist jedoch natürlich, sie ist ein Überrest des Felssturzes, der den Lac des Brenets aufstaute.

Den gleichen Weg geht es zurück zum See, wo sich bei den Restaurants auch die Schiffstation befindet. Als Abschluss dieser Wanderung ist die Rückfahrt per Schiff nach Les Brenets ein Vergnügen, bei dem man die Landschaft des Doubs noch aus einer neuen Perspektive kennenlernt. Die Felswände ragen bis 80 Meter senkrecht über die Wasserfläche, Löcher und Höhlen zeigen, wie der Doubs über Jahrtausende die Kalkfelsen bearbeitete. Weiter vorne entdeckt man über dem See Reste von Sprunganlagen und die sogenannte «Herkules-Platte». Hier wurden Weltrekorde im Wasserspringen aufgestellt: Ein Kopfsprung aus 42 Metern Höhe und ein normaler Sprung aus 54 Metern Höhe.

Nach der Schifffahrt wartet noch das letzte Stück zu Fuss hinauf zum Bahnhof. Jetzt kann man sich Les Brenets etwas näher anschauen. Auffallend ist die geometrische Struktur des Dorfes. Nach einem Brand im 19. Jahrhundert wurde Les Brenets ähnlich wie zum Beispiel La Chaux-de-Fonds im Schachbrettmuster wieder aufgebaut.

Fast 30 Meter tief donnert der Saut du Doubs in einen brodelnden Wasserkessel hinunter.

ROUTE | Les Brenets Bahnhof – Tour Jürgensen – Les Brenets Dorf – Bourg Dessous – Saut du Doubs

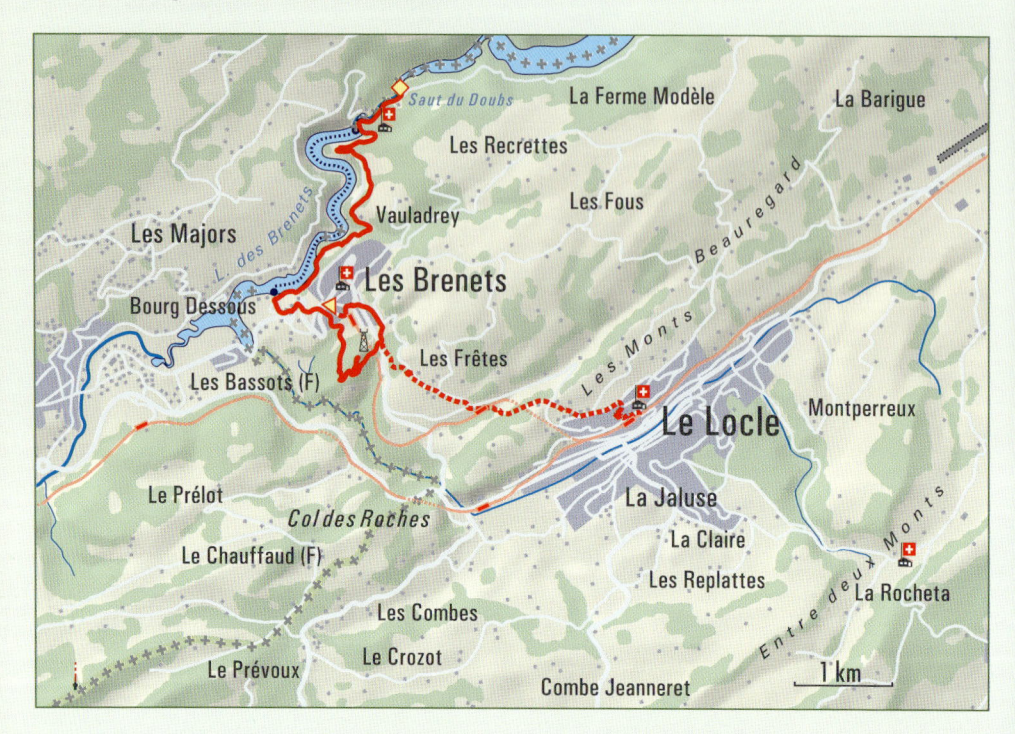

Anreise
Mit dem Zug via La Chaux-de-Fonds und Le Locle nach Les Brenets.

Rückreise
Mit dem Schiff von «Saut-du-Doubs» nach «Les Brenets NLB». Vom Bahnhof Les Brenets mit dem Zug wieder auf den gleichen Linien wie die Anreise.
(Das Schiff fährt bei sehr schlechtem Wetter nicht. Zu gewissen Zeiten muss es reserviert werden. Siehe Kursbuch.)

Wanderzeit
2 Std.
Zusätzlich ca. 25 Min. von der Schiffstation zum Bahnhof hinauf.

Karte
Wanderkarte 1:50 000 232T Vallon de St-Imier

Einkehren/Übernachten
Hotels und Restaurants in Les Brenets, am Ende des Lac des Brenets (bei der Schiffsstation Saut-du-Doubs) und in Le Locle.

Varianten
Von Les Brenets direkt zum Saut du Doubs (ohne Tour Jürgensen), 1 Std. 15 Min. Interessant ist es auch, die Wanderung bereits in Le Locle zu beginnen oder in Les Frêtes (Station zwischen Le Locle und Les Brenets). Diese Varianten treffen bei Le Châtelard oberhalb Les Brenets auf die Hauptroute.
Ab Les Frêtes nur ca. 15 Min. länger, ab Le Locle ca. 45 Min. länger.

Informationen
Office du Tourisme neuchâtelois – Montagnes: Tel. 032 889 68 95, www.neuchateltourisme.ch. www.saut-du-doubs.ch.

LA SAGNE – GRAND SOM MARTEL – LES PONTS-DE-MARTEL

Über Berge, durch Schluchten und Moore

Das Vallée de la Sagne oder Vallée des Ponts ist ein hochgelegenes Tal im Neuenburger Jura. Östlich wird es begrenzt von der Bergkette des Mont Racine und der Tête de Ran, im Westen vom Bergrücken «Le Communal de la Sagne» und dem Grand Som Martel, über welchen diese Wanderung führt. Der Talboden ist sehr flach und weist kaum Gefälle auf. Im oberen Teil, im Nordosten auf rund 1100 Meter über Meer, ermöglichen schmale Durchgänge die Verbindung zu La Chaux-de-Fonds oder über den Col de la Vue des Alpes ins Val de Ruz. Gegen Südwesten wird das Tal immer breiter, senkt sich aber nur um etwa 100 Meter auf eine Höhe von 1000 Meter über Meer. Dort fällt das Tal plötzlich steil ab ins 300 Meter tiefer gelegene Val de Travers.

Im Talboden haben sich auf wasserundurchlässigen Bodenschichten während Jahrtausenden ausgedehnte Hochmoore gebildet. Seit dem 15. Jahrhundert wurde in diesen Mooren Torf gestochen. Die Bewohnerinnen und Bewohner brauchten den Torf zuerst nur als Brennstoff für die eigenen Öfen und Herde. Ab etwa dem 18. Jahrhundert entstand jedoch ein richtiger Torfhandel. Vor allem die umliegenden Städte La Chaux-de-Fonds, Le Locle und Neuchâtel erwarben das Brennmaterial aus dem Vallée de la Sagne. Der Torfabbau erreichte seinen Höhepunkt während den Weltkriegen. Doch noch bis ins Jahr 1991 wurde Torf

Blick ins Tal
Entre deux Monts

Auf den Höhen des Grand Som Martel weiten sich die Landschaft und der Himmel.

Gut zu wissen, wann der sonnige Gasthof geöffnet ist.

gestochen. Seither ist der Torfabbau verboten und die Moore stehen unter Naturschutz. Während des jahrhundertelangen Torfabbaus wurde der Talboden gebietsweise bis zu drei Meter tief abgetragen.

Weite Moorflächen wurden auch entwässert und dienen heute als Wiese- und Weideland. Die Landwirtschaft ist immer noch der wichtigste Wirtschaftszweig des Tales, es folgen Industrie und Baugewerbe. Der Tourismus ist bis jetzt vor allem im Winter von Bedeutung, wenn sich das verschneite Tal und die umliegenden Berge in ein Langlaufparadies verwandeln. Der Wandertourismus entdeckt die Region erst zögerlich. Zu unrecht, wie man sich auf unserer Wanderung überzeugen kann.

Diese beginnt im kleinen Strassenzeilendorf La Sagne, das dem Tal den Namen gegeben hat. Beim Gang durch das Dorf sieht man noch zahlreiche alte, typische Jurabauernhäuser. Einige stammen aus dem 17. Jahrhundert. In Richtung La Rocheta geht es zuerst ein Stück der Strasse entlang aufwärts, dann fast schnurgerade durch den Wald hinauf nach La Rocheta. Dies ist ein kleiner Pass zwischen La Sagne und Le Locle. Hinter dem Pass erstreckt sich ein kleines Zwischental, das romantisch Entre deux Monts heisst. Man steigt aber nicht in dieses Tal ab sondern von La Rocheta gegen Südwesten aufwärts über einen im ersten Teil bewaldeten Grat, der immer wieder schöne Ausblicke auf beide Talseiten bietet. Nach den Weiden von Sur les Roches wandert man noch einmal durch ein Waldstück hinauf und gelangt zu einem Hof mit Namen «Les Balkans». Ob dies eine Anspielung auf das Balkan-Gebirge in Bulgarien ist, liess sich nicht mit Sicherheit herausfinden. Weiter geht es über weite Hochweiden mit mächtigen Fichten, die einzeln oder in Gruppen das typische Bild des Juras vermitteln. «Grand

Beschauliches Wandern über den Grand Som Martel

LA SAGNE – GRAND SOM MARTEL – LES PONTS-DE-MARTEL

Les Ponts-de-Martel und die weiten Ebenen des Vallée de la Sagne

Ein Blick gegen Norden, wo der Horizont bereits zu Frankreich gehört.

Über Berge, durch Schluchten und Moore

Som Martel» ist nicht nur ein Gipfel, sondern auch ein einladendes Bergrestaurant gleich am Weg. Der Wanderweg umgeht den Gipfel, aber er wäre auch weglos leicht zu erreichen. Noch geht es wunderbar der Höhe entlang nach «Petit Som Martel», wiederum ein Restaurationsbetrieb, dann langsam bergab nach Petite Joux, wo schon das dritte Mal eingekehrt werden kann. Von «Petite Joux» an gibt es zwei Möglichkeiten. Spannend, aber teilweise auf etwas ruppigem Weg wandert man dem Grat entlang weiter, dann durch die Schlucht Pouette Combe hinunter nach Les Ponts-de-Martel. Man kann aber bei Petite Joux auch rechts abbiegen, am Westrand der Combe des Sagnettes absteigen und via Molta Dessus nach Les Ponts-de-Martel wandern. Dieser Weg ist leichter, aber ein paar Minuten länger.

Wer sich für die herbe Schönheit der Hochmoore interessiert, sollte noch nicht an die Heimreise denken, sondern zusätzlich einen Rundgang durch die Moorgebiete bei Les Ponts-de-Martel unternehmen. Der Moorweg durch das Marais Rouge ist ein markierter, schön angelegter Lehrpfad mit Picknickplätzen. Je nach Interesse kann man hier zwischen etwa 45 Minuten und eineinhalb Stunden verbringen.

ROUTE La Sagne – La Rocheta – Grand Som Martel – Petit Som Martel – Petite Joux – Pouette Combe – Les Ponts-de-Martel

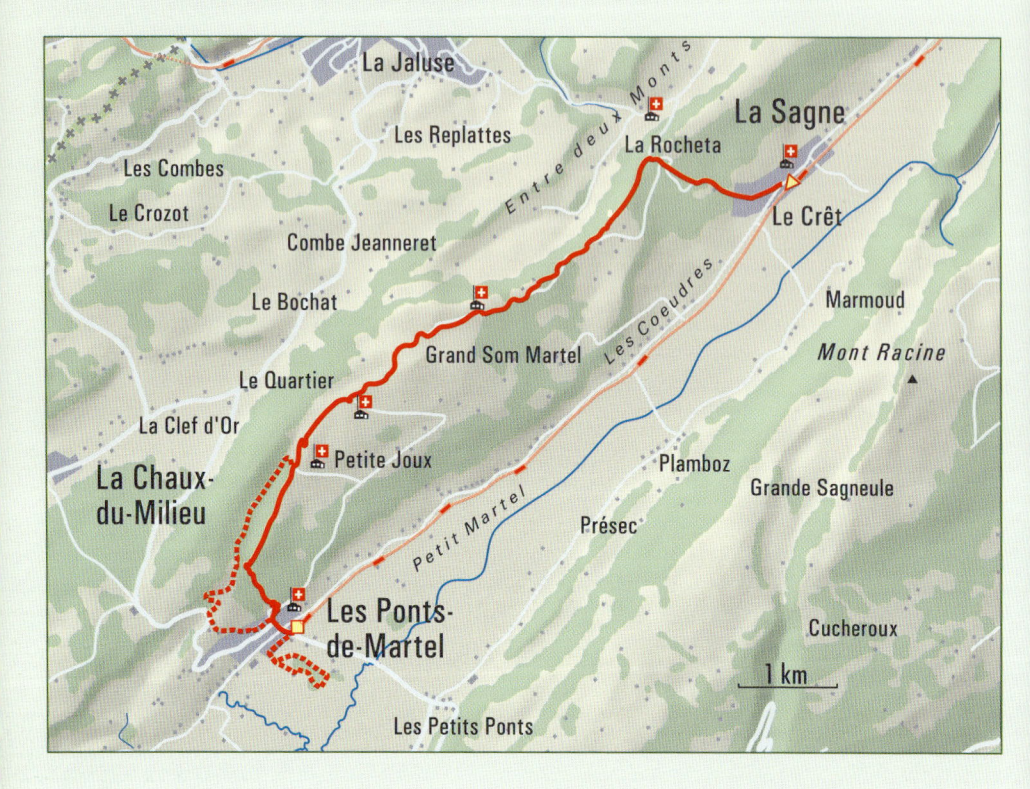

Anreise
Mit dem Zug via La Chaux-de-Fonds nach La Sagne.

Rückreise
Von Les Ponts-de-Martel entweder wieder mit dem Zug nach La Chaux-de-Fonds oder mit dem Bus nach Neuchâtel.

Wanderzeit
2 Std. 30 Min.

Karten
Wanderkarten 1:50 000 232T Vallon de St-Imier, 241T Val de Travers

Einkehren/Übernachten
Hotels und Restaurants in La Sagne, Les Ponts-de-Martel, La Chaux-de-Fonds, Le Locle und Noiraigue.
«Auberge du Grand-Sommartel» (Übernachtung im Massenlager möglich): Tel. 032 931 17 27. Sonntag ab 18 Uhr sowie Montag und Dienstag geschlossen.
«Restaurant du Petit-Sommartel» (Übernachtung im Massenlager möglich): Tel. 032 937 16 55. Mittwoch bis Sonntag jeweils ab 18 Uhr geschlossen.
«Pinte de la Petite Joux»: Tel. 032 937 17 75. Montag geschlossen.

Varianten
Rundgag durch das Marais Rouges bei Les Ponts-de-Martel, 45 Min. bis 1 Std. 30 Min. Bei Petite Joux nach rechts abbiegen und via Combe des Sagnettes und Molta Dessus nach Les Ponts-de-Martel. Ca. 15 Min. länger. Wer vor allem durch die flachen Moorlandschaften wandern möchte: Wanderung von Les Ponts-de-Martel via Brot-Dessus und Haut de la Côte hinunter nach Noiraigue (Hotel, Restaurant, Bahnhof).

Informationen
Tourisme neuchâtelois Montagnes:
Tel. 032 889 68 95 oder Tel. 032 889 68 92, www.neuchateltourisme.ch

NOIRAIGUE – GORGES DE L'AREUSE – BÔLE

6

Die wilde Schlucht im unteren Val de Travers

Durch viele Tunnels und enge Kurven windet sich der Zug durch die Gorges de l'Areuse nach Noiraigue. Die Blicke aus den Zugfenstern erhaschen meist nur flüchtige Ausschnitte aus Wäldern und Talflanken. Damit steigt aber die Vorfreude auf die hautnahe Entdeckung der Schlucht. Das kleine Dorf Noiraigue im Val de Travers ist bester Ausgangspunkt für Wanderungen in die Höhe und in die Tiefe. In die Höhe geht es beispielsweise auf den Creux-du-Van, diesen berühmten Felsenkessel, der sogar von weither aus dem Mittelland erkennbar ist. Doch auch der Eingang ins Val de Travers ist aus grosser Distanz sichtbar. Hier geht es in die Tiefe, in die wildromantische Gorges de l'Areuse, über Stege, Treppen und Brücken.

Noiraigue heisst «Schwarzes Wasser». Wie dunkel das Wasser der Areuse ist, wenn es nicht gerade weiss schäumend über Felsabsätze sprudelt, davon überzeugt man sich am besten selbst auf dieser Wanderung. Die Areuse ist der Hauptfluss des Kantons Neuchâtel. Er entspringt in der Klus von St. Sulpice aus einer sogenannten Karstquelle. Als rauschender Bach strömt die Areuse aus einer Höhle im Kalkgestein.

Die Auberge in Noiraigue erscheint in frischem Glanz.

Die Bogenbrücke ist einer der attraktivsten Übergänge über die Areuse.

Grünes Wasser und grünes Laub verbreiten eine mystische Atmosphäre.

42 **Die wilde Schlucht im unteren Val de Travers**

Gespeist wird die Areusequelle unter anderem vom Lac des Taillères, der sechs Kilometer entfernt im Vallée de la Brévine liegt und keinen oberirdischen Abfluss hat. Zuerst fliesst die Areuse mit wenig Gefälle durch den flachen Talboden des Val de Travers, wo sie streckenweise auch kanalisiert ist. Ein prähistorischer Bergsturz im Raum des heutigen Noiraigue staute einst die Areuse auf, sodass sich ein langer See bildete, der die ganze Talsenke bedeckte. In diesem See lagerte sich Schwemmmaterial ab und ebnete den Talboden ein. Zwischen Noiraigue und Boudry hat die Areuse die Jurakette durchbrochen und eine tiefe Schlucht ausgeschwemmt. Hier überwindet die Areuse etwa 270 Höhenmeter über mehrere Stufen und Wasserfälle. Ihre Wasserkraft wurde seit dem 14. Jahrhundert für Mühlen, Sägereien, Schmieden und Färbereien genutzt, in jüngerer Zeit auch für Zement-, Papier- und Elektrizitätswerke.

Das Val de Travers ist als Hochburg des Absinth bekannt. Im Tal wurde aber nicht nur Schnaps produziert, sondern beispielsweise auch Uhren und Schokolade. Heute noch bestehen wichtige Betriebe in Bereichen wie Feinmechanik, Mikrotechnik und Präzisionswerkzeuge. Von 1712 bis 1986 waren Asphaltminen in Betrieb. Die Minen von La Presta bei Couvet können heute unter Führung besichtigt werden.

Das Val de Travers war schon zur Römerzeit eine Durchgangsachse zwischen dem Schweizer Mittelland und Pontarlier. Vielleicht geht der Name sogar auf die Römer zurück. Urkundlich erstmals erwähnt wird das Tal jedoch erst 1049 unter dem Namen «Vallis transversa». Das bedeutet ganz einfach «Quertal». Tatsächlich ermöglicht das Tal eine Art Querverbindung zwischen Mittelland und Frankreich. Geologisch gesehen ist das Val de Travers aber ein Längstal wie andere Täler zwischen den Jurafalten auch. Nur die Schlucht der Areuse durchquert die Falte.

Der Wanderweg folgt immer dem Lauf der Areuse und wechselt mehrmals die Seite. Nach einem flachen, noch asphaltierten Beginn wird es bereits wild in der Schlucht. Stege führen über das Wasser, die Areuse tost zwischen den Felswänden und steinerne Treppen führen tiefer in die Schlucht hinab. Bald erreicht man eine steinerne Bogenbrücke, die als typisches Areuse-Fotomotiv bekannt ist. Anschliessend wird die Areuse wieder etwas zahmer. Nach einer Brücke bei Champ du Moulin kann man den ersten Hunger im «Restaurant de la Truite» stillen. «Truite» heisst «Forelle» und ist natürlich die Spezialität des Hauses. So schön es hier auf der sonnigen Terrasse sein kann, zu lange sollte man den Weiterweg nicht hinauszögern, denn es wartet noch mehr als die Hälfte des Weges.

Weiterhin wechseln sich zahme Abschnitte mit wilden Passagen ab, breite Wege mit schmalen Pfaden, Treppen und Stegen. Mal ist die Areuse ein tosender Wildbach, mal steht sie fast still wie ein See.

Kurz vor dem Ausgang der Schlucht verzweigen sich die Wege. Der eine führt durch den Wald aufwärts und über ein Feld mit schöner Weitsicht bis zum Neuenburgersee nach Bôle. Der andere Weg folgt der Areuse noch ein Stück weiter bis ins Städtchen Boudry.

44 Die wilde Schlucht im unteren Val de Travers

ABSINTH

Im 19. Jahrhundert entwickelte sich das Val de Travers zum Zentrum der Absinth-Produktion, die von 1910 bis 2005 zwar verboten war, heimlich jedoch immer irgendwo in den Hinterhöfen weiterlebte. Absinth wird traditionell aus Wermut (Artemisia absinthium), Anis, Fenchel sowie je nach Rezeptur aus verschiedenen weiteren Kräutern hergestellt. Die meisten Absinth-Sorten haben eine grüne Farbe. Deswegen wird Absinth auch «die grüne Fee» bzw. «la Fée Verte» genannt. Der Alkoholgehalt ist hoch und liegt zwischen 45 und 75 Volumen-Prozent. Absinth wurde ursprünglich als Heilelixier hergestellt. Grosse Popularität fand der Absinth jedoch in der zweiten Hälfte des 19. und dem frühen 20. Jahrhundert in Frankreich. Berühmtheiten wie Charles Baudelaire, Paul Gauguin, Vincent van Gogh, Ernest Hemingway, Edgar Allan Poe oder Oscar Wilde liebten den Wermut-Schnaps, den man in der Regel mit Wasser verdünnt trinkt.

Der Absinth geriet in den Ruf, aufgrund seines Thujon-Gehalts abhängig zu machen und schwerwiegende gesundheitliche Schäden zu verursachen. Thujon ist ein Bestandteil des ätherischen Öls des Wermuts. Die schädlichen Auswirkungen von Thujon in hohen Dosen sind unbestreitbar. Moderne Studien haben jedoch gezeigt, dass der Thujongehalt im Absinth viel zu tief war, als dass er zu solchen Schädigungen führen konnte. Die damaligen gesundheitlichen Schäden waren sehr wahrscheinlich Folgen der schlechten Qualität des Alkohols und der hohen konsumierten Alkoholmengen. Seit 1998 ist Absinth in den meisten europäischen Staaten wieder erhältlich. Auch in der Schweiz sind seit 2005 die Herstellung und der Verkauf von Absinth wieder erlaubt.

Die Person im roten T-Shirt zeigt die Dimensionen der Areuse-Schlucht.

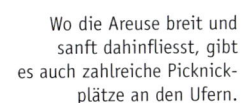

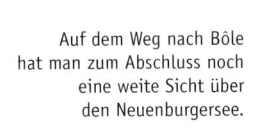

Wo die Areuse breit und sanft dahinfliesst, gibt es auch zahlreiche Picknickplätze an den Ufern.

Auf dem Weg nach Bôle hat man zum Abschluss noch eine weite Sicht über den Neuenburgersee.

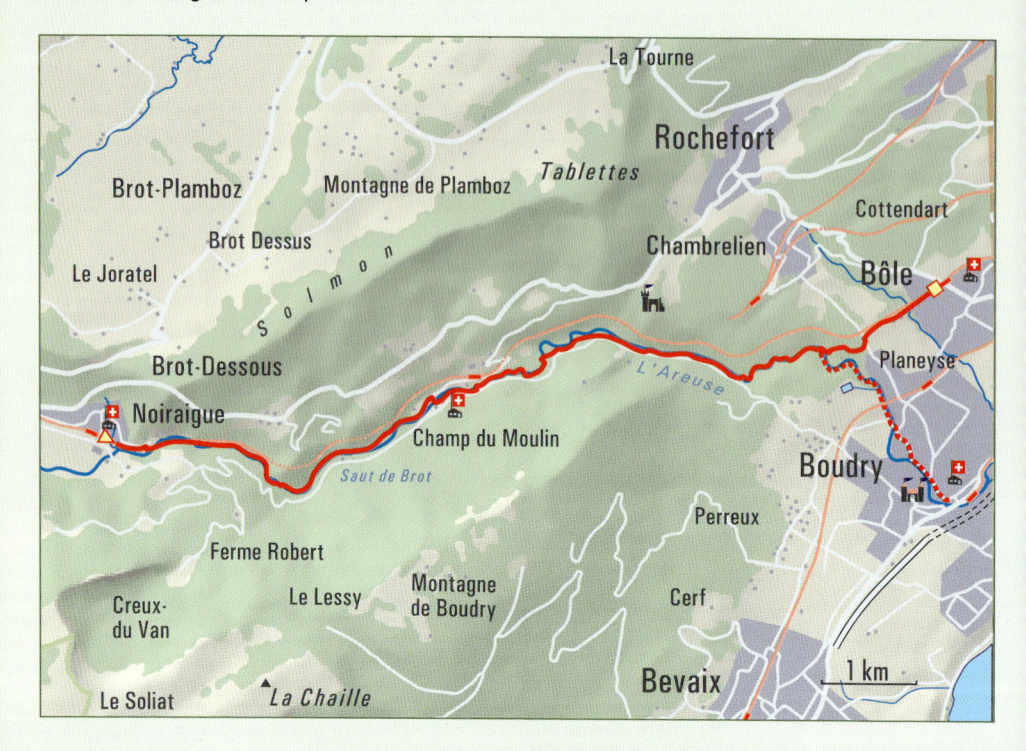

ROUTE | Noiraigue – Champ du Moulin – Bôle

Anreise
Mit dem Zug via Neuchâtel nach Noiraigue.

Rückreise
Ab Bôle mit dem Zug nach Neuchâtel.

Wanderzeit
2 Std. 30 Min.

Karten
Wanderkarten 1:50 000 241T Val de Travers, 242T Avenches

Einkehren/Übernachten
Restaurants in Noiraigue, Bôle und Boudry.
Restaurant mit Zimmer und Massenlager «L' Auberge de Noiraigue» (beim Bahnhof), Tel. 032 863 37 06.
«Restaurant de la Truite», Champ du Moulin: Tel. 032 855 11 34. Juli und August täglich geöffnet. Januar und Februar geschlossen, in der übrigen Zeit Montagabend und Dienstag geschlossen.
Hotels in Travers, Couvet und Neuchâtel.

Varianten
Statt nach Bôle kann man vom Ende der Schlucht auch nach Boudry wandern: entweder zum SBB-Bahnhof etwas oberhalb von Boudry, oder durch das sehenswerte Städtchen zur Tramhaltestelle hinunter. Die Varianten sind etwa gleich lang wie die Hauptroute. Das Tram von Boudry fährt jedoch nur zur Place Pury in Neuchâtel. Von da gehts per Bus oder auf einem zwanzigminütigen Spaziergang durch den Stadtkern zum Bahnhof.

Informationen
Tourisme neuchâtelois – Val-de-Travers:
Tel. 032 889 68 96,
www.neuchateltourisme.ch.
www.boudry-historique.net.

CHAUMONT – NEUCHÂTEL

Auf dem «Weg der Zeit» zum Centre Dürrenmatt

Auf dem Chaumont lockt als Erstes der Aussichtsturm gleich neben der Bergstation. Hinter der Eingangspforte führt eine Brücke zum Turm und über einige Treppen erreicht man die Aussichtsplattform. Prachtvoll steht man über den Wipfeln der Bäume. Der Blick fliegt in die Weite, über das Drei-Seen-Land und die Hügel des Mittellandes bis zu den Hochalpen.

Eine schöne Rundwanderung führt nach Pré Louiset. Wählt man als Hinweg den oberen Weg, wandert man zuerst dem Strässchen hinter dem riesigen Hotel entlang aufwärts. Bald zeigt dann der Wegweiser auf den kleinen Wanderpfad. Durch Wald und Juraweiden wird man bis Pré Louiset am westlichen Ende des Chaumonts geführt. Ein Picknickplatz und die schöne Aussicht über den See und über das Val de Ruz zum Mont Racine laden zum Verweilen ein. Der Rückweg auf dem unteren Weg führt an einigen Pferdeweiden vorbei. Auf dem Chaumont bietet ein Pferdehof auch Reitausflüge an. Zurück bei der Chaumont-Bergstation muss man sich für eine Abstiegsvariante entscheiden: Seilbahn oder zu Fuss?

Eine Besonderheit ist der «Sentier du Temps», der Pfad der Zeit. Er ist eine Art Lehrpfad und zeigt anhand von zahlreichen kunstvoll geschnitzten Holzskulpturen und Informationstafeln die Entwicklung des Lebens seit der Entstehung der Erde bis zum Menschen. Der Pfad ist etwa viereinhalb Kilometer lang. So trifft es sich, dass man mit jedem Schritt eine Million Jahre zurücklegt, denn die Erde ist etwa viereinhalb Milliarden Jahre alt. Der Pfad startet bei der Bergstation auf dem

Wandern zwischen Juraweiden und Wäldern auf dem Chaumont

Chaumont und verläuft ungefähr in südwestlicher Richtung durch die Wälder hinab nach Neuenburg.

Der Weg hat ein paar steinige, holprige Abschnitte, ist aber leicht zu finden. Das Bild einer fossilen Schnecke auf Holzpfählen dient als Markierung. Mit Jahrmillionenschritten wandert man durch die Zeit. Eine ordentliche Strecke legt man zurück, mehr als den halben Weg, bis überhaupt erstes Leben erscheint. Etwa zweieinhalb Milliarden Jahre hat man bis hier durchschritten. Langsam wird unsere Erde belebter. Fische treten auf, Insekten, irgendwann Kriechtiere, auch die Dinosaurier fehlen natürlich nicht. Bald darauf erste Säugetiere. Die Holzskulpturen nehmen mittlerweile Formen an, die uns vertrauter sind. Und sie folgen in kürzeren Abständen. Wann aber werden wir die Skulptur eines Menschen sehen? Der Weg ist doch bald zu Ende! Neue Tiere folgen, Vögel zum Beispiel. Endlich, da steht die Skulptur des ersten Menschen. Kurz vor dem Ende des Pfades. Die Zeit des Menschen, ein Nichts in der ganzen Erdgeschichte. Milliarden und Millionen von Jahren sind vergangen. Zeiten und Zahlen, die unvorstellbar sind. Einen winzigen Bruchteil davon nimmt die Menschheitsgeschichte ein, aber mit welch immensen Auswirkungen auf die Erde.

Der «Sentier du Temps» endet auf einer Strasse am Waldeingang. Diese Strasse führt nach wenigen Metern zum Dürrenmatt-Museum (Centre Dürrenmatt). Zuvor lohnt sich noch ein kurzer Aufstieg auf der anderen Seite der Strasse auf die Roches de l'Ermitage (markiert). Von dieser Felsklippe hat man einen ausgezeichneten Blick über Neuenburg und auf das Centre Dürrenmatt gleich unterhalb der Felsen. Aber Vorsicht, es ist kein Geländer vorhanden, und die Felswand stürzt unvermittelt senkrecht ab! Nach dem Besuch des Aussichtspunktes geht man zurück zur Strasse. Auf dieser legt man das letzte Stück zurück via Centre Dürrenmatt und Jardin Botanique zum Bahnhof. Man kann unterwegs in einen Bus steigen, doch auch zu Fuss ist der Bahnhof in wenigen Minuten erreicht.

Die Markierung des «Sentier du Temps»

Pferdeweiden auf dem Chaumont

Skulpturen von urzeitlichen Tieren auf dem «Sentier du Temps»

Aussicht von Pré Louiset über das Val de Ruz mit dem Dorf Les Geneveys-sur-Coffrane zum Mont Racine

CHAUMONT – NEUCHÂTEL

Vom «Sentier du Temps» geniesst man auch immer wieder schöne Weitblicke.

Blick von den Roches de l'Ermitage über Neuchâtel und zum Centre Dürrenmatt (rechts im Bild)

50 Auf dem «Weg der Zeit» zum Centre Dürrenmatt

Auf der Panoramaterrasse des Centre Dürrenmatt

DAS CENTRE DÜRRENMATT NEUCHÂTEL

Friedrich Dürrenmatt (1921–1990) wurde als Sohn eines reformierten Pfarrers in Konolfingen am Eingang zum Emmental geboren. Er lebte in Bern, Basel, Ligerz am Bielersee und zuletzt im Vallon de l'Ermitage oberhalb von Neuenburg im gleichen Haus, das im Jahr 2000 zum Museum erweitert wurde. Der Tessiner Stararchitekt Mario Botta hat Dürrenmatts ehemaliges Wohnhaus in ein eindrückliches, schlichtes Museum verwandelt.

Wer kennt nicht das eine oder andere Werk wie etwa «Der Richter und sein Henker» oder «Der Besuch der alten Dame»? Und wer erinnert sich nicht an den alten Kommissar Bärlach oder an die steinreiche alte Dame Claire Zachanassian, die ihrer einstigen, verarmten Wohngemeinde Güllen eine Milliarde bietet und dafür den Tod ihres damaligen, untreuen Jugendfreundes fordert?

Diese Figuren und Werke haben Dürrenmatt berühmt gemacht. Seine Bilder waren dagegen lange Zeit weniger bekannt. Das Schreiben und Malen standen für Dürrenmatt in engem Zusammenhang. Die Ausstellung geht daher den Geschichten in Dürrenmatts Bildern und den Bildern in seinen Geschichten nach. Sie ist in verschiedene Themen gegliedert und zeigt Dürrenmatts unterschiedliche Mal- und Zeichentechniken. Mit Zitaten und Porträts wird man mit Dürrenmatts Leben und Denken bekannt gemacht.

Das Centre Dürrenmatt ist auch ein Ort der Begegnung. Dazu tragen nicht nur Lesungen, Sonderausstellungen und Konzerte bei, sondern auch der Buchladen, die Cafeteria und die Panoramaterrasse mit dem wunderbaren Ausblick über den Neunburgersee bis zu den Alpen.

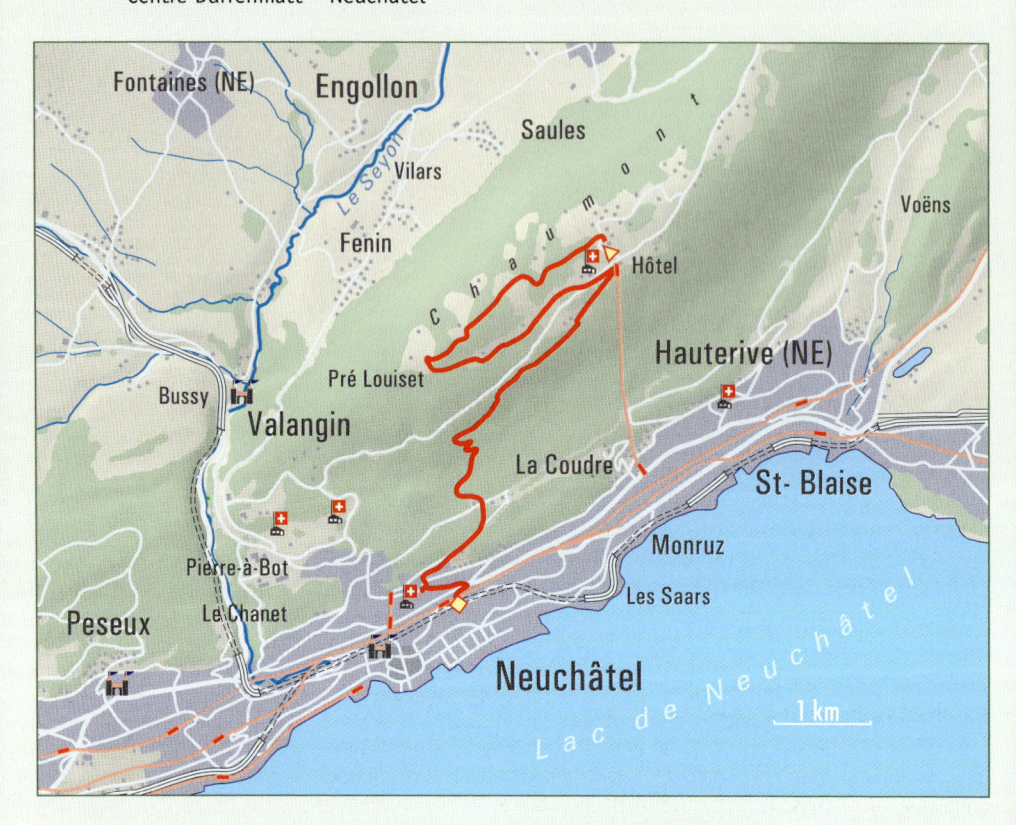

ROUTE | Chaumont – Pré Louiset – Chaumont – Roches de l'Ermitage – Centre Dürrenmatt – Neuchâtel

Anreise
Mit dem Zug bis Neuchâtel. Umsteigen auf den Ortsbus Linie Nr. 7 bis «La Coudre». Wiederum umsteigen auf die Standseilbahn La Coudre – Chaumont.

Rückreise
Ab Neuchâtel mit dem Zug.

Wanderzeit
Chaumont Station – Pré Louiset – Chaumont Station 1 Std. 25 Min.
Chaumont Station – Neuchâtel via «Sentier du Temps» 1 Std. 35 Min.
Genug zusätzliche Zeit für den Aussichtsturm, die Infotafeln und das Centre Dürrenmatt einplanen.

Karten
Wanderkarten 1:50 000 232T Vallon de St-Imier, 242T Avenches

Einkehren/Übernachten
Restaurants und Hotels auf dem Chaumont und in Neuchâtel.
Cafeteria im Centre Dürrenmatt.

Informationen
Tourisme neuchâtelois, Tel. 032 889 68 90, www.neuchateltourisme.ch.
www.seelandjura.ch.
Reitausflüge: Topeka Ranch, Tel. 032 753 26 36, www.topekaranch.ch.

Centre Dürrenmatt Neuchâtel:
Tel. 032 720 20 60, www.cdn.ch.
Das Centre Dürrenmatt befindet sich zwischen «Jardin Botanique» und «Roches de l'Ermitage» (beide Orte auf der Karte eingetragen).
Vom Bahnhof Neuchâtel mit Bus Nr. 9 bis Haltestelle «Chapelle de l'Ermitage».
Öffnungszeiten:
Mittwoch bis Sonntag 11 Uhr bis 17 Uhr.

LES BOIS – LE NOIRMONT

Gemütlich durch die Freiberge

Ob über La Chaux-de-Fonds, Tavannes oder Delémont, die Zugfahrt nach Les Bois verspricht schon eine besonders abwechslungsreiche Anreise mit immer wieder wechselnden Landschaftseindrücken, zuerst im Berner Jura, dann in den Freibergen des Kantons Jura. Tiefe Täler, ja sogar Schluchten, dann wieder weites Land mit sanften Hügeln, Wäldern und Weiden verstärken die Vorfreude auf diese Wanderung. Es kann sich durchaus lohnen, nicht auf der gleichen Strecke hin- und wieder zurückzureisen, sondern ein Rundreisebillett zu kaufen, zum Beispiel via La Chaux-de-Fonds nach Les Bois und zurück von Le Noirmont via Tavannes.

Wie eine riesige, raue Parklandschaft auf über 1000 Meter über Meer präsentieren sich die Freiberge oder französisch les Franches-Montagnes. Einzelne Baumgruppen, dichte Tannen- und Fichtenwälder und offenes Weideland wechseln sich in dieser sanft gewellten Landschaft ab. Geologisch gehören die Freiberge genauso zum Faltenjura wie die Mont-Soleil-Kette oder die Chasseral-Kette noch weiter südlich. Im Gebiet der Freiberge hat die Erosion die hohen Falten jedoch viel stärker abgetragen und ein gewelltes Hochplateau zurückgelassen. Ackerland gibt es infolge der Höhenlage und des rauen Klimas nur an wenigen, besonders günstig gelegenen Flächen. In der Landwirtschaft herrschen Milchwirtschaft und Viehzucht vor. Bekannt ist vor allem die Pferdezucht. Man sagt, die stolze, halbwilde Rasse der Freiberger passe gut zum freiheitsliebenden jurassischen Charakter. Entsprechend offen werden die Tiere auf weiten Feldern gehalten, die oft von traditionellen Trockenmauern begrenzt werden.

Die Landschaften der Freiberge wecken auch Gefühle von Freiheit.

Les Bois hat etwas mehr als 1000 Einwohner. Dies klingt nicht nach viel, dennoch gehört Les Bois damit zu den grösseren Gemeinden der Freiberge. Flächenmässig ist sie sogar die grösste Gemeine des Kantons Jura. Früher trug Les Bois auch den deutschen Namen Rudisholz. Dieser Name soll auf Jean Ruedin, den ersten Siedler Ende des 15. Jahrhunderts zurückgehen. Seit der Krise in der Uhrenindustrie setzt man im ganzen Jura mehr auf den Tourismus. So sind denn auch in und um Les Bois vom Wander-, Reit- und Radweg bis zum 18-Loch-Golfplatz touristische Infrastrukturen für jeden Geschmack entstanden.

Dass das traditionelle Wandern zahlreiche Möglichkeiten bietet, sieht man schon an den vielen Wegweisern am Bahnhof. Gleich in mehrere Richtungen kann man nach Le Noirmont wandern. Unsere Route folgt zuerst dem Wegweiser, auf welchem auch Le Boéchet verzeichnet ist. Nach einem Hügel hinter dem Dorf und einer Mulde gelangt man aber bereits zu einer Wegkreuzung, wo man die Richtung Sur la Croix einschlägt. Man durchquert eine weitere Mulde mit Weiden und Waldstücken nach Sur la Croix. Dieser Flurname ist auf der Wanderkarte nicht eingetragen. Hier verzweigt sich wieder der Weg. Gegen links geht der Weg weiter ins Tal des Doubs hinunter. Unser Weg geht nach rechts auf eine Rippe, der wir bis fast nach Le Noirmont folgen können. Abwechslungsweise durch Waldstücke, dem Waldrand entlang oder über

Typischer Jurahof in der Nähe von Les Bois.

die offene Höhe geniesst man auf dieser Strecke immer wieder neue Ausblicke in die Freiberger Landschaft. Auf der anderen Seite dieser Rippe fällt der Freiberger Jura ab ins Tal des Doubs. Dieses tiefe Tal lässt sich vorerst nur erahnen. Kurz vor Le Noirmont verlässt der Wanderweg die Rippe gegen links, senkt sich etwas ab gegen das Gehöft «Saigne aux Femmes» und zieht sich der bewaldeten Flanke entlang um die Rippe herum nach Le Noirmont. Auf diesem letzten Wegstück öffnet sich der Blick auch gegen das Tal des Doubs, wobei man aber nicht bis zum tief unten liegenden Fluss sieht.

Le Noirmont hatte einst auch einen deutschen Namen: Schwarzenberg. Le Noirmont ist ein hübsches Städtchen mit mehreren Gasthöfen. Ein Gourmet-Restaurant (Restaurant & Hôtel Georges Wenger) ist sogar schweizweit bekannt und vom Guide Michelin und von Gault et Millau mehrfach ausgezeichnet worden.

Auf «Roc Montès» oberhalb von Le Noirmont steht seit 1985 das jurassische Rehabilitationszentrum für Herz- und Gefässerkrankungen. Auf dem Tagesprogramm der Patientinnen und Patienten steht neben Ernährung und Entspannung auch immer Sport. Fast täglich unternehmen Patientengruppen Wanderungen in der Region der Freiberge. Eine Bestätigung dafür, dass man mit diesem Genusswanderführer sicher einer gesunden Freizeitbetätigung nachgeht.

Kurzes Waldstück bei «Sur la Croix».
Rot-gelb sind die alten Farben des Jurahöhenwegs, der in den nächsten Jahren neu markiert wird.

Ameisenhaufen, hinter Stacheldraht gut geschützt vor Vieh und Wandernden

Wandern entlang von Trockenmauern bei Les Barrières

DIE GESCHICHTE DER FREIBERGE

Das Hochplateau der Freiberge ist rund 25 Kilometer lang und maximal 9 Kilometer breit und erstreckt sich zwischen La Chaux-de-Fonds im Südwesten sowie dem Delsberger Becken im Nordosten. Begrenzt wird die Landschaft im Norden durch das tief eingeschnittene Doubstal und im Süden durch den Höhenrücken der Montagne du Droit.

Wahrscheinlich im 7. Jahrhundert begannen erste kleinere Erschliessungen des Hochplateaus durch die Klöster von Saint-Ursanne und Saint-Imier, um Weideland für das Vieh zu gewinnen. Das Hochplateau war im Besitz von Burgund, bis es König Rudolf III. im Jahr 999 dem Basler Bischof schenkte. Rudolf III. war der letzte König des unabhängigen Burgundes, bevor dieses durch einen Erbgang dem Heiligen Römischen Reich eingegliedert wurde.

Montfaucon war die erste Siedlung auf der Hochfläche (um 1139 in einer Urkunde erwähnt). Sie hiess damals Mons Falconi und war bis ins 14. Jahrhundert auch für die gesamte Hochfläche namengebend.

1384 stellte der Fürstbischof Imer von Ramstein einen Freibrief für die immer noch kaum besiedelte Region aus. Die Einwanderer erhielten besondere Freiheitsrechte wie die Befreiung von Zinsen und Zehnten auf ihrem gerodeten Grund und Boden. Dadurch bekam das Gebiet den Namen «Franches Montagnes» oder «Freiberge».

1792 marschierten die französischen Truppen ein und beendeten diese Freiheitsrechte. Bis 1815 gehörten die Freiberge zu Frankreich. Am Wiener Kongress 1815 wurden die Freiberge dem Kanton Bern zugeschlagen. Nach langen separatistischen Auseinandersetzungen und mehreren Volksabstimmungen wurde am 1. Januar 1979 der Kanton Jura gegründet, zu dem seither der grösste Teil Freiberge gehört.

Obwohl vor allem für Pferde bekannt, sieht man in den Freibergen auch häufig Kühe weiden.

ROUTE | Les Bois – Sur la Croix – Le Noirmont

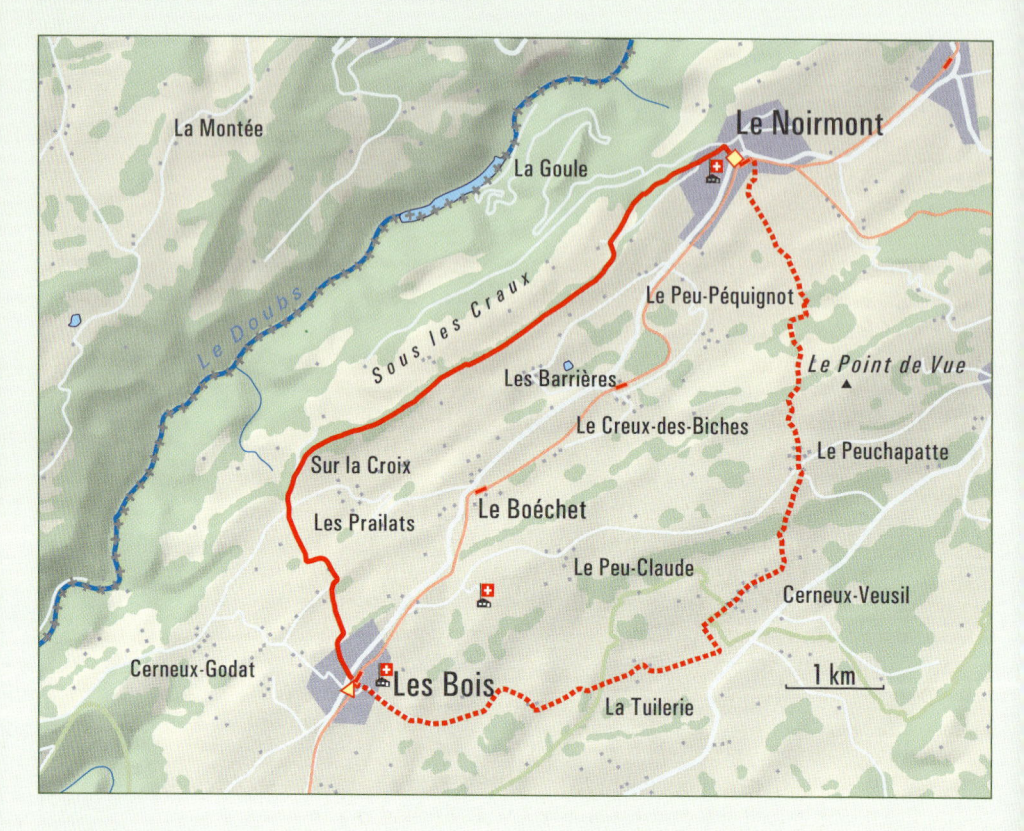

Anreise
Mit dem Zug via La Chaux-de-Fonds, Tavannes oder Delémont nach Les Bois.

Rückreise
Von Le Noirmont mit dem Zug in Richtung La Chaux-de-Fonds, Tavannes oder Delémont.

Wanderzeit
2 Std. 10 Min.

Karten
Wanderkarten 1:50 000 222T Clos du Doubs, 232T Vallon de St-Imier

Einkehren/Übernachten
Hotels und Restaurants in Les Bois und le Noirmont.
Für Feinschmecker: Restaurant & Hôtel Georges Wenger, Le Noirmont:
Tel. 032 957 66 33, www.georges-wenger.ch.

Varianten
In einem Bogen südostwärts nach Le Noirmont: Les Bois – Chaux d'Abel – La Cerneux-Veusil Dessous – Le Peuchapatte – Le Noirmont, 2 Std. 40 Min. Etwas weniger Wald(-ränder) und mehr Weideland als die Hauptroute.

Informationen
Jura Tourisme Saignelégier: Tel. 032 420 47 70, www.juratourisme.ch.
www.lesbois.ch, www.noirmont.ch.

MONT SOLEIL – LES BREULEUX

9

Vom Berner Jura in die Freiberge

Vom Bahnhof St-Imier führen die Wegweiser durch die rechtwinklig angelegten Gassen der einstigen Uhrmacherhochburg. Die Strassenanlage und die kubischen, mehrstöckigen Wohnhäuser stammen hauptsächlich aus der Zeit der Hochblüte der Uhrenindustrie Ende des 19. Jahrhunderts, als viel Wohnraum für die Arbeiter nötig war. Heute stehen viele Wohnungen wieder leer.

Nach dieser Stadtdurchquerung folgen rund 400 Höhenmeter zum Mont Soleil, die sich bequem mit der Standseilbahn überwinden lassen. Der langgezogene Höhenrücken der Montagne du Droit erstreckt sich über mehrere Erhebungen etwa 25 km entlang der ganzen Nordseite des Vallon de St-Imier. Sein höchster Punkt ist der Mont Soleil mit 1288 Meter über Meer. Der Mont Crosin weiter im Osten ist mit 1268 Meter über Meer jedoch kaum niedriger. Die Montagne du Droit ist eine der vielen, fast parallel verlaufenden Ketten – sogenannten Antiklinalen – des Faltenjuras. Sie beginnt im Westen im Gebiet der Vue des Alpes und endet im Osten beim Passübergang Pierre Pertuis, wo bereits die Römer eine wichtige Strasse zwischen Augusta Raurica und Aventicum bauten. Südlich gegen das Vallon de St-Imier fällt die Montagne du Droit steil ab. Auf der andern Talseite erhebt sich die noch höhere und südlichste Falte, die Chasseralkette, und verdeckt grösstenteils die Aussicht vom Mont Soleil ins Mittelland und die Alpen. Nur durch die Einsattelung bei Les Bugnenets sind die westlichen Alpen mit dem Mont Blanc zu sehen. Gegen Norden fällt die Montagne du Droit dagegen sanft gegen das Hochplateau der Freiberge ab. Die Freiberge gehören geologisch ebenfalls zum Faltenjura. Die Erosion wirkte hier jedoch viel stärker, weshalb die gewellte Hochfläche der Freiberge einen ganz anderen Eindruck vermittelt als die ausgeprägten Ketten und Täler des übrigen Faltenjuras. An der Montagne du Droit sind erstaunlicherweise keine durch Erosion entstandene Klusen oder Schluchten zu finden wie etwa gleich gegenüber die Combe Grède am Chasseral. Eine Besonderheit bildet jedoch das Champ Meusel im Südhang des Mont Soleil. Der fast kreisrunde Krater mit etwa 300 Meter Durchmesser ist der Überrest des grössten Meteoriteneinschlags, der jemals in der Schweiz geschehen ist. Wer auf der Variante zum Mont Soleil hinaufwandert, kommt an diesem mystisch anmutenden Felsenkessel vorbei und kann ihn auch auf einem guten Weg umrunden.

Unsere Hauptroute beginnt jedoch schon bei der Bergstation des Mont Soleil und steigt an Restaurants und Ferienhäuschen vorbei leicht an. Les Breuleux ist bereits auf den Wegweisern verzeichnet. In Kürze erreicht man das offene Land, und wer zum richtigen Zeitpunkt hier

Die Solarzellen der Fotovoltaikanlage auf dem Mont Soleil sind im wirkungsvollsten Winkel gegen die Sonne ausgerichtet.

Die neusten Windturbinen auf dem Mont Soleil und Mont Crosin sind dreimal leistungsfähiger als vor acht Jahren.

wandert – in der Regel im April – wird schon bald eine botanische Besonderheit des Mont Soleils entdecken. Wilde Osterglocken überziehen ganze Felder mit einem leuchtend gelben Teppich. Die Osterglocken sind hier die ersten Blumen des Frühlings und verzaubern mit ihren Farben und ihrem Duft die sonst noch karge Landschaft.

Der erste Teil des Weges folgt dem «Sentier découverte Mont Soleil – Mont Crosin». Auf diesem Weg gelangt man kurz nach Wegbeginn zum Sonnenkraftwerk des Mont Soleil. Oberhalb des Sonnenkraftwerks, in der Nähe des Mont-Soleil-Gipfels, steht auch schon die erste Windturbine. Hier begann in der Schweiz die Erforschung und Entwicklung der Stromerzeugung durch Sonnen- und Windenergie. Die ersten Sonnenkraftwerke der Schweiz haben den Mont Soleil bekannt gemacht.

Hinter einem Geländerücken führt der Wanderweg in ein Tälchen bei Le Bardeau. Hier reihen sich mehrere Dolinen aneinander, eine der typischen Karsterscheinungen des Juras. Dolinen sind trichterförmige

SONNEN- UND WINDENERGIE AUF DEM MONT SOLEIL UND MONT CROSIN

Als die BKW FMB Energie AG im Jahr 1992 auf dem Mont Soleil ein Sonnenkraftwerk und 1996 auf dem Mont Crosin ein Windkraftwerk in Betrieb nahm, waren dies schweizerische Piniertaten. Seither hat die Technik gewaltige Fortschritte gemacht. Die beiden Kraftwerke dienen nicht in erster Linie der Stromproduktion, sondern hauptsächlich der Erforschung und Entwicklung der Sonnen- und Windenergie. Regelmässig werden neuartige Solarzellen aus weltweiten Forschungs- und Produktionsstätten erprobt und miteinander verglichen. Die Forschungsergebnisse führten unter anderem zum Bau des weltweit grössten mit Solarzellen angetriebenen Schiffs, dem «MobiCat» auf den Jura-Seen, und zum Sonnenkraftwerk auf dem Dach des Nationalstadions «Stade de Suisse Wankdorf Bern». Es ist zurzeit das weltweit grösste Sonnenkraftwerk, das in ein Stadion integriert ist.

In ganz Europa wird der Wind immer stärker genutzt. Die Leistungsfähigkeit der Windkraftwerke wächst in der EU jährlich um rund 30%. Die Anlage auf dem Mont Crosin war die erste in der Schweiz. Die Leistung der Turbinen erhöhte sich in den letzten acht Jahren um fast das Dreifache. Aufgrund dieser positiven Entwicklung verwundert es nicht, dass die Suche nach geeigneten Standorten von Windkraftwerken auch in der Schweiz neuen Aufwind erhält. An vielen Standorten in der Schweiz werden Windmessungen durchgeführt, um die Eignung abzuklären.

Vertiefungen im zerklüfteten Kalkuntergrund. Gelöste Säure im Regenwasser greift den Kalk an. Durch Korrosion und Erosion bilden sich diese Trichter, in welchen das Regenwasser verschwindet und durch ein unterirdisches, weit verzweigtes Gewässernetz ins Tal fliesst. Trotz etwa 1500 Millimeter Niederschlag pro Jahr gibt es deshalb in der Region Mont Soleil und Freiberge praktisch keine oberirdischen Fliessgewässer. Das versickerte Wasser tritt in Karstquellen der angrenzenden Täler wieder zu Tage, beispielsweise an der Source de la Dou oder der Source de la Raissette zwischen St-Imier und Courtelary.

Bei Le Bardeu zweigt unser Weg links ab und führt von der Montagne du Droit hinunter über die Grenze zum Kanton Jura und in die weitläufige Landschaft der Freiberge mit ihren lichten Wäldern, mächtigen Einzelbäumen und Weiden für Pferde und Kühe. Man muss die Markierungen gut im Auge behalten, denn auf den Weiden verliert sich manchmal die Wegspur. Bald jedoch vereinigt sich der Wanderweg mit einem breiten Waldweg, der nach Les Vacheries führt und kurz der Strasse entlang nach Les Breuleux. Früher trug das Dorf auch den deutschen Namen Brandisholz. Wie auch in St-Imier blühte bis Ende des 20. Jahrhunderts in Les Breuleux die Uhrenindustrie. Heute sind nur noch wenige Werkstätten in Betrieb, daneben gibt es aber noch andere metall- und auch holzverarbeitende Industrien.

Blick vom Mont Soleil über die Wälder und Weiden der Freiberge

Die Wegspuren verlieren sich manchmal im Grasland, doch dank den Markierungen findet man den Weg ohne Schwierigkeiten.

Begegnung mit weidenden Pferden am Weg- und Waldrand

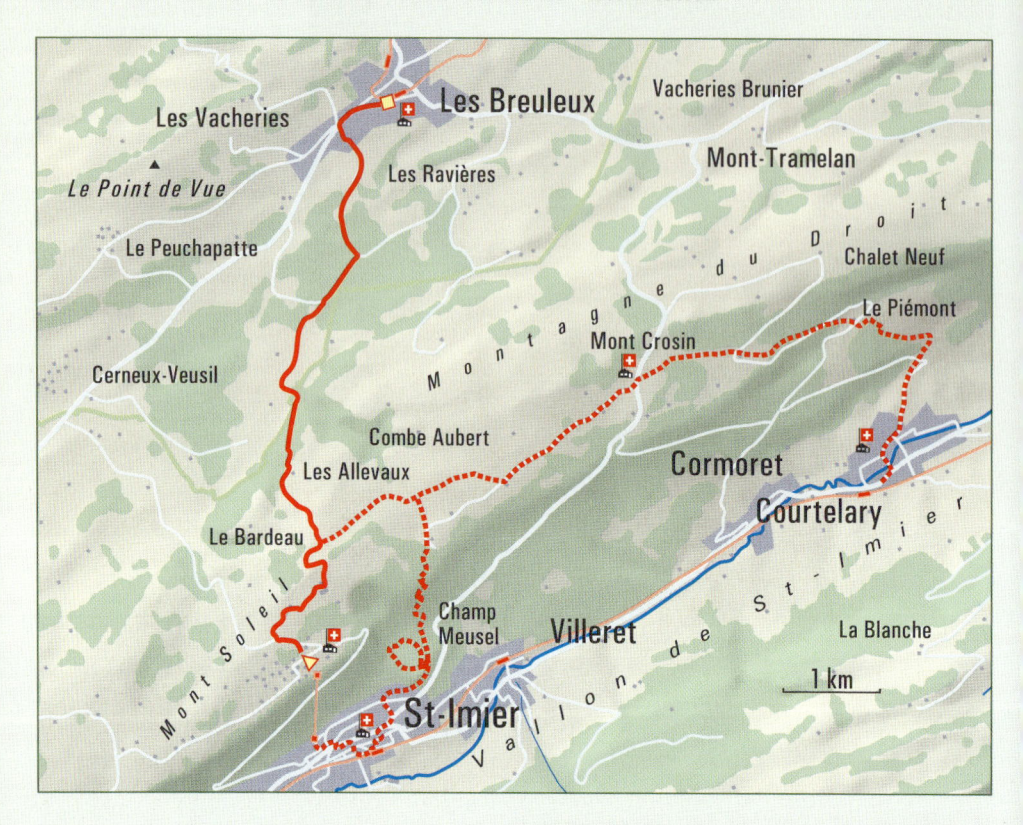

ROUTE | Mont Soleil – Le Bardeau – Clédar des Arches – Les Breuleux

Anreise
Mit dem Zug nach St-Imier. Umsteigen und mit der Standseilbahn auf den Mont Soleil. Vom Bahnhof St-Imier zur Talstation der Standseilbahn ca. 15 Min. zu Fuss.

Rückreise
Ab Les Breuleux mit dem Zug.

Wanderzeit
2 Std. 15 Min.

Karte
Wanderkarte 1:50 000 232T Vallon de St-Imier

Einkehren/Übernachten
Hotels und Restaurants in St-Imier, auf dem Mont Soleil und in Les Breuleux.

Varianten
Über den Mont Crosin: Von Le Bardeau weiter in Richtung Mont Crosin und via Croix du Ciel und Le Piémont nach Courtelary (Bahnhof, Restaurants). Mont Soleil – Courtelary 3 Std. Verläuft grösstenteils entlang des «Sentier découverte Mont Soleil – Mont Crosin».
Aufstieg durch das Champ Meusel zum Mont Soleil: St-Imier – Champ Meusel – Le Sergent – Le Bardeau – Mont Soleil 2 Std. 30 Min.

Informationen
Jura bernois Tourisme:
Tel. 032 942 39 42, www.jurabernois.ch.
Jura Tourisme Saignelégier:
Tel. 032 420 47 70, www.jura-tourisme.ch, www.juvent.ch, www.societe-mont-soleil.ch.
Die Sonnen- und Windkraftwerke auf dem Mont Soleil und Mont Crosin können auch mit einer Führung besichtigt werden: Voranmeldung obligatorisch (mindestens 7 Tage im Voraus):
Tel. 0844 121 123, E-Mail: infojura@bkw-fmb.ch.

CHASSERAL – VILLIERS

10

Auf dem höchsten Berner Jura-Gipfel

Der Chasseral im südlichen Kamm des Kettenjuras trug früher auch den deutschen Namen Gestler. Seine Ausdehnung ist immens und beträgt in der Länge über 30 Kilometer. Will man seine ganze Gratausdehnung von Westen bei Neuchâtel über den Chaumont bis auf den Gipfel und nach Osten hinab bis Frinvillier überblicken, muss man mehrere Landeskarten nebeneinander legen, auch wenn man die Karten im Massstab 1:50000 benutzt. Zudem ist er mit 1607 Meter über Meer der höchste Berner Juragipfel. Man muss ihn einfach mal erklommen haben.

Wer auf dem Chasseral wandert, erlebt Kilometer um Kilometer nichts als Grat, weite Sicht und noch weiteren Himmel. Dass auf einem solchen Berg auch eine Antenne stehen muss, verwundert kaum. Das 120 Meter hohe Ungetüm steht wie ein überdimensioniertes Mahnmal für den Versuch, Natur und Technik, Schutz und Nutzen am Chasseral in Einklang zu bringen. Dazu wurde im Jahr 2001 von 13 Gemeinden der regionale Naturpark Chasseral gegründet. Ein solcher Park ist kein reines Naturschutzgebiet, sondern versucht ein Gleichgewicht zwischen Mensch und Natur, Lebensraum und Wirtschaft herzustellen. Dass es sich dabei um ein zerbrechliches Gleichgewicht handelt ist – wie in so manchen Naturräumen – auch am Chasseral offensichtlich: Seit den 1930er-Jahren, als die Passstrasse von Nods über den Chasseral nach St-Imier gebaut wurde, hat der Tourismus stetig zugenommen. Einerseits ist dies für die lokale Wirtschaft erfreulich, andererseits wird der Druck auf die sensible Natur immer stärker. So leidet beispielsweise die einzigartige und berühmte Pflanzenwelt im Gipfelbereich enorm unter Trittschäden, denn an sonnigen Wochenenden besetzen oft Menschenmassen den Gipfel. Verbote sind nicht das Ziel des Parks, doch mit Themenpfaden und Beschilderungen sollen die Besucherinnen und Besucher überzeugt werden, dass man sich in diesen Zonen besser an die Wege halten sollte. Vor überfüllten Wanderwegen braucht man sich hingegen nicht zu fürchten, denn viele Ausflügler fahren nur rauf und wieder runter.

Man muss zum Wandern nicht gleich den ganzen Riesenkamm überschreiten. Es gibt durchaus kürzere Genusswanderungen. Dank dem Postauto, das von St-Imier hinauffährt, kann man sich den Gipfel schon mal bequem erarbeiten. Bei so vielen attraktiven Wanderrouten, die am Gipfel beginnen, fällt es einem nicht leicht, eine Hauptroute zu bestimmen. Wir entschieden uns für eine Wanderung in weniger bekannte Regionen, nämlich nach Villiers, dem hintersten Dorf im Val de Ruz. Dieses zwischen etwa 700 und 900 Meter über Meer gelegene Hochtal liegt eingebettet zwischen den Bergzügen des Chaumont auf

Auf dem höchsten Berner Jura-Gipfel

der Südseite und des Mont Racine und Mont d'Amin auf der Nordseite. Bei Villiers entspringt der Seyon, der Hauptbach des Val de Ruz, der das Tal durch die enge Schlucht bei Valangin in den Neuenburgersee entwässert.

Einst bestand der Talboden aus ausgedehnten Mooren, ähnlich wie im parallel verlaufenden Vallée de la Sagne. Während in diesem Tal heute noch gut erhaltene Moorlandschaften bestehen, wurden im Val de Ruz im Lauf der Jahrhunderte fast alle Moore entwässert, die Wälder gerodet und der Boden landwirtschaftlich stark genutzt. Heute bestehen in den grösseren Orten des Tals auch einige Industriebetriebe. In den letzten Jahren hat sich das sonnige und erhöht gelegene Val de Ruz aber auch zu einer beliebten Wohnregion entwickelt. Dank guten Verkehrsverbindungen ist das Pendeln nach La Chaux-de-Fonds oder Neuchâtel kein Problem. Auch der öffentliche Verkehr ist gut eingerichtet, sodass Wanderinnen und Wanderer nie lange auf einen Bus nach Neuchâtel warten müssen. Bereits zur Römerzeit bestand ein Verkehrsweg durch das Val de Ruz, der bei Dombresson und Villiers vorbeiführte. Bei Dombresson wurde ein bedeutender Schatz von Münzen gefunden, welche zwischen 200 vor und 55 nach Christus geprägt wurden.

Die Wanderung in dieses wenig bekannte Tal folgt während der ersten Hälfte immer der Grathöhe mit wunderbarer Fernsicht. Einmal schaut man gegen Süden über den Bielersee bis zum Alpenbogen, dann nach Norden über das Wellenmeer des Kettenjuras. Bei Chuffort, einem Bergrestaurant, biegt man gegen rechts in die Talflanke ab. Neben dem Hotel auf dem Chasseral gibt es übrigens auf dieser Wanderung gleich mehrere Restaurationsbetriebe bei Bergbauernhöfen, sodass niemand unterwegs Hunger oder Durst leiden muss, auch wenn das Picknick vielleicht zu Hause vergessen wurde. Wer in Villiers nicht sofort in den nächsten Bus steigen will, sondern noch etwas Zeit im Val de Ruz verbringen und irgendwo einkehren möchte, wandert am besten noch eine Viertelstunde nach Dombresson weiter, wo gleich mehrere Restaurants und Cafés zur Auswahl stehen. Mit dem Bus fährt man dann nach Neuchâtel, Place Pury. Von dort rechnet man nochmals zwanzig Minuten zu Fuss zum Bahnhof. Der Gang durch Neuchâtels Altstadt ist ein interessanter Abschluss des Ausflugs. Wer ihn sich sparen will, kann auch einen Ortsbus zum Bahnhof nehmen.

Abendstimung auf dem Chasseral. Oben zu übernachten ist ein besonderes Erlebnis.

Eine besondere Freude ist es, auf dem Chasseral zu stehen, wenn noch Nebelbänke durch die umliegenden Täler ziehen.

Der Traum aller Wanderinnen und Wanderer: ein weiter Grat und noch weiterer Himmel

Ein Blick zurück zum Hotel und zur Antenne auf dem höchsten Punkt

Auf dem höchsten Berner Jura-Gipfel

Kuhweide in der Nähe der Méterie de l'Ile

Bei Chuffort muss man sich zwischen der Hauptroute nach Villiers und der Variante nach Lignières entscheiden.

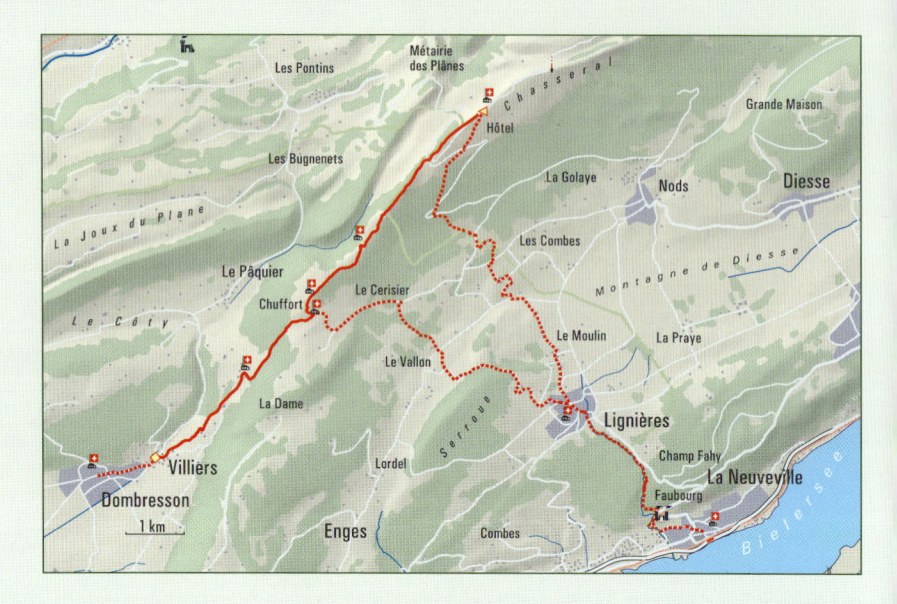

ROUTE Chasseral – Méterie de l'Ile – Chuffort – Villiers

Anreise
Mit dem Zug bis St-Imier. Umsteigen und mit dem Postauto bis «Chasseral, Hôtel» (Endstation).

Rückreise
Ab Villiers oder Dombresson mit dem Bus bis «Neuchâtel, Place Pury». Von hier mit dem Ortsbus oder in zwanzig Minuten zu Fuss durch den Stadtkern zum Bahnhof.

Wanderzeit
2 Std. 45 Min.

Karte
Wanderkarte 1:50 000 232T Vallon de St-Imier

Einkehren/Übernachten
«Hôtel Chasseral»: Tel. 032 751 24 51, www.chasseral-hotel.ch.
Hotels und Restaurants in Lignières, Le Landeron, La Neuveville, Dombresson, St-Imier, Orvin.
Restaurants in Les Prés-d'Orvin.
Auf den vorgeschlagenen Routen hat es so viele Méteries (Berghöfe mit Restaurationsbetrieben, z. T. mit Übernachtungsmöglichkeit), dass hier unmöglich alle detailliert aufgeführt werden können. Auf der Wanderkarte sind sie eingezeichnet. Während der Wandersaison sind die meisten offen, einige nur an Wochenenden.

Nähere Informationen gibt es bei den Tourismusbüros. Auf deren Homepages kann man auch Broschüren und Listen herunterladen.

Varianten
Chasseral – Chuffort – Lignières, 2 Std. 45 Min.
Chasseral – Lignières, 2 Std.
Lignières – Combe du Pilouvi – La Neuveville, 1 Std.
Chasseral – Cabane du Jura oder Méterie de Prêles – Les Prés-d'Orvin, 3 Std.
Lehrpfad auf dem Chasseral (Rundweg), ca. 1 Std. 30 Min.

Informationen
Jura bernois Tourisme La Neuveville: Tel. 032 751 49 49, www.jurabernois.ch.
Tourismus Biel Seeland: Tel. 032 329 84 84, www.biel-seeland.ch.
www.drei-seen-land.ch.
Tourisme neuchâtelois: Tel. 032 889 68 90 oder 032 889 68 86, www.neuchateltourisme.ch.
Parc régional Chasseral: Tel. 032 942 39 49, www.parcchasseral.ch.

Hinweis
Auf den Varianten sind die Busverbindungen ab Lignières und Les Prés-d'Orvin leider nicht besonders gut, sodass man die Wander- und Fahrplanzeiten etwas im Auge behalten sollte.

LA CHAUX-DES-BREULEUX – ETANG DE LA GRUÈRE – LES REUSSILLES

11

Zum zauberhaften Moorsee in den Freibergen

Bei der kleinen Gemeinde La Chaux-des-Breuleux liegt der Bahnhof etwas abseits der Häuser. Ein wunderbarer Startpunkt für eine Wanderung. Es besteht zwar keine Einkehrmöglichkeit in der Nähe, aber nach wenigen Schritten befindet man sich schon in einer zauberhaften Freiberger Landschaft. Gleich unterhalb des etwas erhöht liegenden Dorfes breitet sich eine grosse Weide aus, auf welcher eine Pferdeherde und einige Kühe weiden. Es glitzert von Millionen Tautröpfchen, ein dunkler Tannenwald bildet den Horizont und ein morgendlicher Nebelschleier gibt der Atmosphäre einen märchenhaften Anstrich.

Man wandert zu dieser Weide hinab und biegt dort links ab. Der Weg unterquert die Eisenbahnschienen und verläuft entlang eines langen Moores. Das Moor heisst gemäss Karte ganz einfach «La Tourbière», was soviel wie Torf- oder Hochmoor bedeutet. Die Freiberge weisen zwei Naturphänomene auf, die einen sehr gegensätzlichen Eindruck machen. Einerseits ist der Boden ausserordentlich trocken. Das liegt am verbreiteten Karstuntergrund, bestehend aus zerklüftetem Kalkgestein, das von Löchern, Spalten und ganzen Höhlensystemen durchzogen ist,

Farbiger Herbstwald und noch grüne Wiesen bei La Chaux-des-Breuleux

sodass das Regenwasser sofort versickert. Es gibt deshalb in den Freibergen kaum oberirdische Quellen oder Bäche. Bevor Pumpwerke gebaut werden konnten, stellten lange Zeit nur Zisternen, in denen das Regenwasser gesammelt wurde, die Wasserversorgung sicher. Andererseits haben sich während der Erosionszeit, als die höheren Jurafalten abgetragen und die Freiberge eingeebnet wurden, Geländemulden mit Ton- und Mergelschichten aufgefüllt und eine wasserundurchlässige Schicht gebildet. Im nassen und sauerstoffarmen Boden über diesen Schichten werden abgestorbene Pflanzenteile nicht vollständig zersetzt, sondern zu Torf umgewandelt. Langsam entwickelt sich ein Torf- oder Hochmoor. Pro Jahr wächst eine solche Torfschicht nur knapp einen Millimeter. Für ein Torfpolster von einem Meter Höhe sind also mindestens tausend Jahre nötig. Solche Moore sind nicht nur wegen ihres Alters besonders eindrückliche Biotope, sondern auch wegen der Lebensbedingungen für die Pflanzen, die darauf wachsen. Hochmoore sind Extremstandorte, wo nur spezialisierte Pflanzen wie etwa die Rosmarinheide gedeihen können. Die Pflanzen wurzeln nur in der mehr oder weniger dicken Torfschicht und haben keinen Kontakt mehr mit dem Untergrund. Sie haben deshalb nur nährstoffarmes Regenwasser zur Verfügung. Bis 1966 wurde im Moor «La Tourbière» Torf gestochen, seit 1975 steht es unter Naturschutz.

Der Wanderweg entfernt sich langsam von der Moorsenke und steigt durch hohen Fichtenwald an, der mal dichter steht und mal lichte Baumgruppen bildet. Hinter dem Waldhügel erreicht man die Strasse bei der Sägerei und der Postautohaltestelle «Moulin de la Gruère». Wenige Minuten später steht man am Ufer des Etang de la Gruère. Hier befinden wir uns wieder in einem Hochmoorgebiet, das seit 1963 unter Naturschutz steht. Einst ein kleiner Weiher, wurde der See im 17. Jahrhundert durch einen Damm aufgestaut. Er sollte das Wasser liefern, um die Mühle und später die Säge zu betreiben. Die Mühle an der Halte-

Pferde auf einer grossen Weide unterhalb La Chaux-des-Breuleux

stelle, wo wir kurz zuvor vorbeikamen, steht seit Langem still. Die Sägerei ist noch in Betrieb, läuft aber auch längst nicht mehr mit Wasserkraft.

Der Etang de la Gruère ist rund 4,5 Meter tief. Sein Moorwasser hat eine bräunliche Farbe. Die Torfschicht unter dem See und in der Umgebung ist 6 bis 8 Meter mächtig. Die untersten Torfschichten besitzen somit ein Alter von 12000 bis 15000 Jahren! Das Wasser, das aus dem See fliesst, versickert schon nach etwa 200 Metern in einem Schlundloch und fliesst durch den Karstboden, bis es erst im Tal von Tramelan wieder an die Erdoberfläche kommt.

Der See mit seinen vielen Armen, Halbinseln und Buchten, die Fichten, Föhren und Birken, die seine Ufer säumen, formen eine nordisch anmutende Landschaft. Auf einem Pfad, teils auf dem weichen Waldboden, teils auf Holzbohlen, kann man den See umrunden und erfährt auf Informationstafeln viel Interessantes über dieses Moorgebiet. Man sollte sich an die Wege halten, um Schäden an der umliegenden Natur zu vermeiden.

Auch im Winter lohnt sich ein Ausflug zum Etang de la Gruère. In Schnee und Eis gehüllt wirken der See und seine Ufer wie eine Märchenwelt. Und wenn es besonders kalt ist und der See zugefroren ist, dient er als natürliche Eisbahn, auf welcher man umhergleiten oder Schlittschuhlaufen kann.

Weiter wandert man in Richtung Gros Bois Derrière und Tramelan. Immer wieder wandert man an feuchten, moorigen, dann wieder an sehr trockenen Stellen vorbei, wo das Wasser gleich im Boden versickert. Bald nach dem Hof «Gros Bois Derrière» überschreitet man die Grenze vom Kanton Jura nach Bern. Durch eine weite, offene Mulde wandert man auf die Höhe von Les Reussilles, das zur Gemeinde Tramelan gehört. Eine kurze Asphaltstrecke führt zu Bahnhof und Restaurant.

Blick über das Moor «La Tourbière»

Ein Bild wie aus dem hohen
Norden: der stille Moorsee
«Etang de la Gruère»

Ein typisches Bild aus
den Freibergen, kurz vor
Les Reussilles

Moorlandschaft auf
dem Weg in Richtung
«Gros Bois Derrière»

74 **Zum zauberhaften Moorsee in den Freibergen**

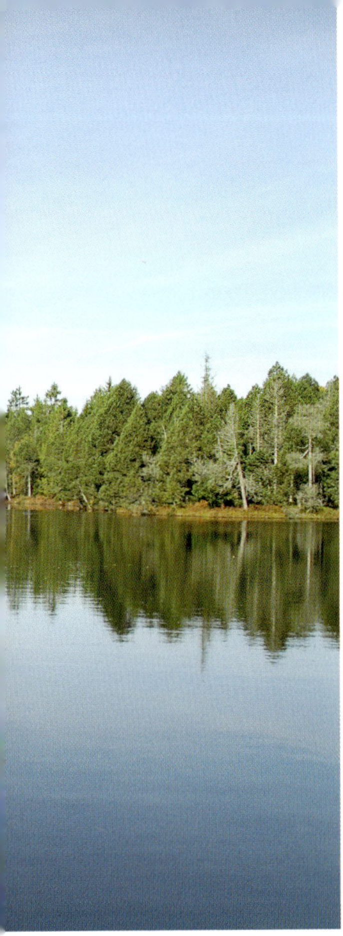
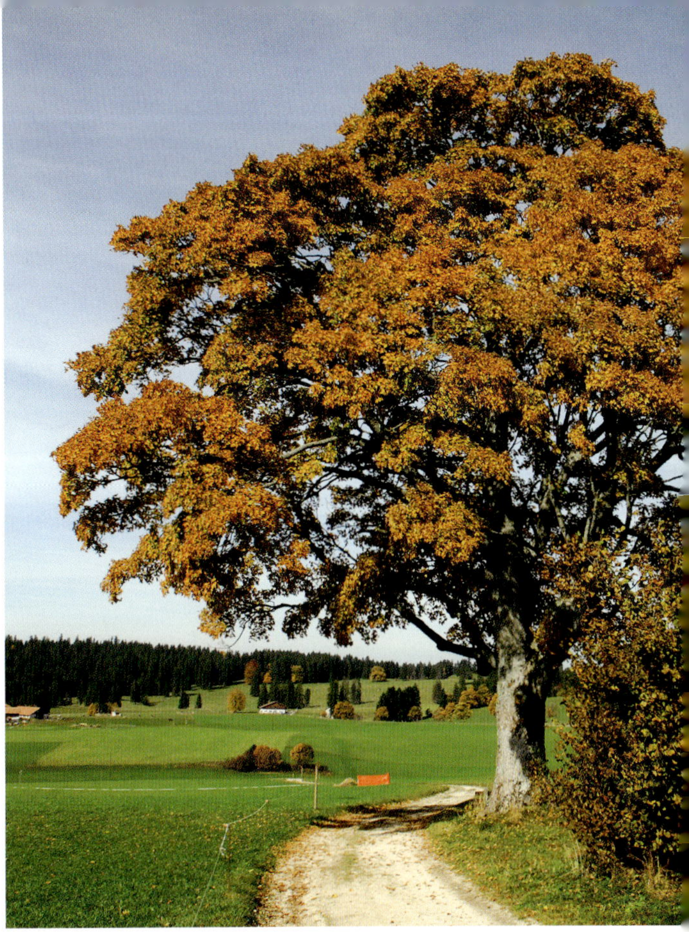
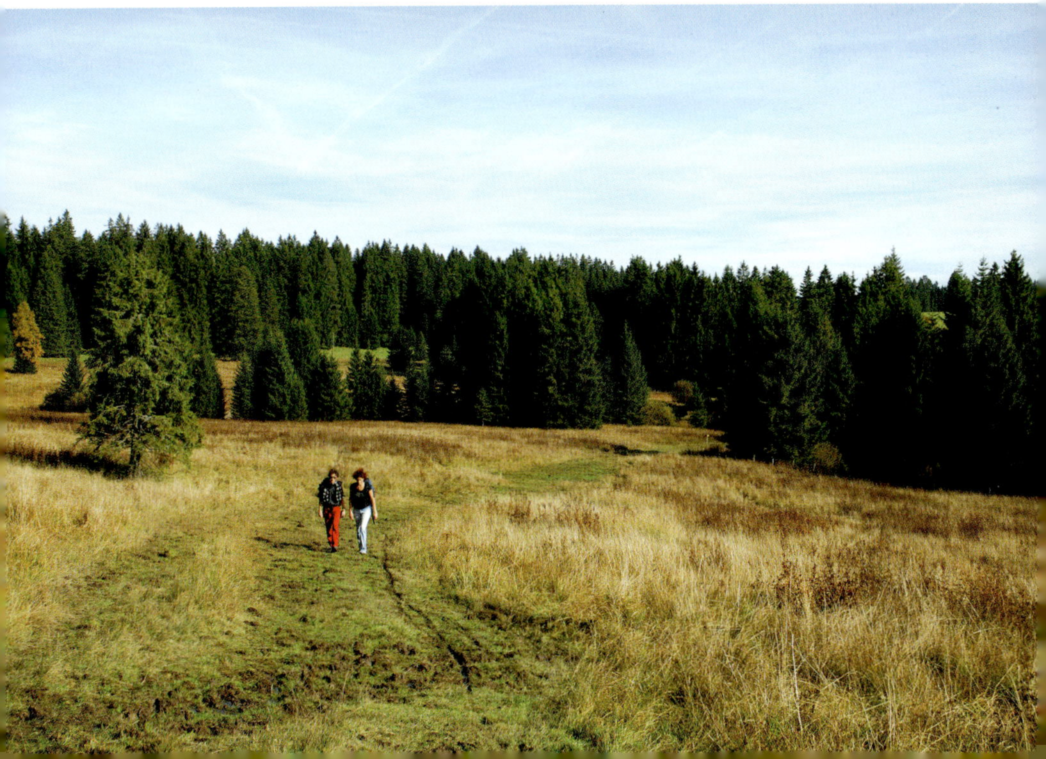

ROUTE La Chaux-des-Breuleux – Moulin de la Gruère – Etang de la Gruère – Gros Bois Derrière – Les Reussilles

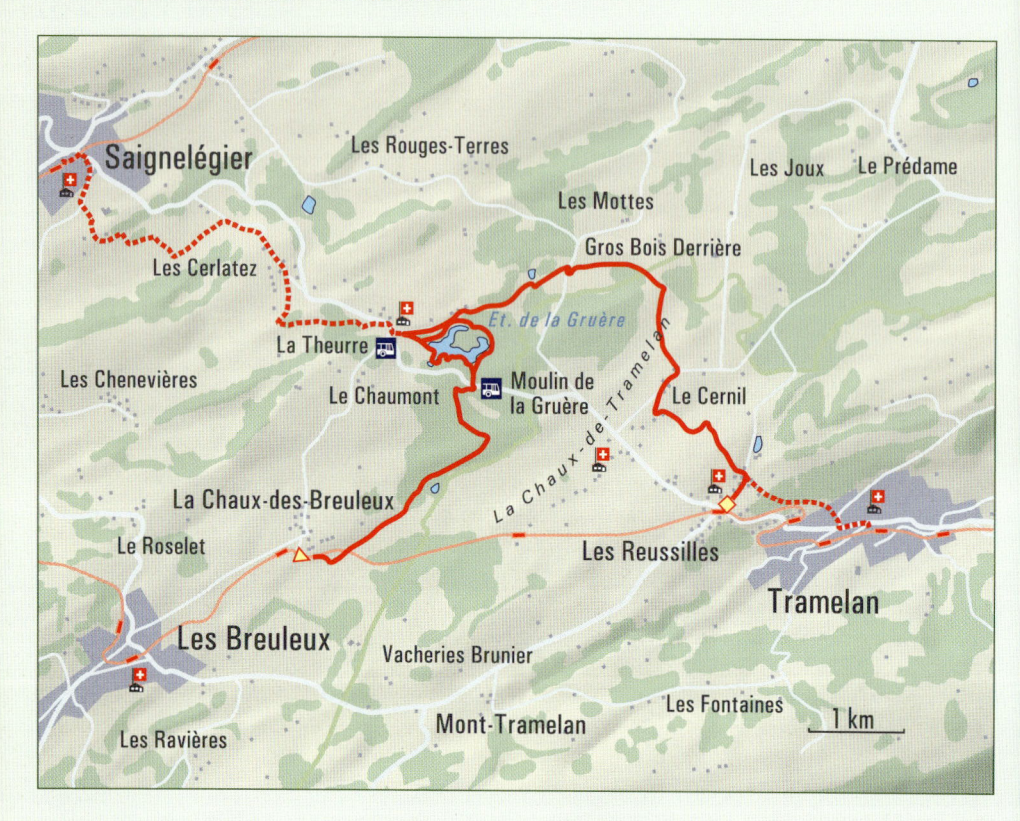

Anreise
Mit dem Zug via Tavannes oder Le Noirmont nach La Chaux-des-Breuleux.

Rückreise
Ab Les Reussilles mit dem Zug.

Wanderzeit
La Chaux-des-Breuleux – Etang de la Gruère 1 Std.
Etang de la Gruère – Les Reussilles 1 Std. 45 Min.

Karten
Wanderkarten 1:50 000 222T Clos du Doubs, 232T Vallon de St-Imier

Einkehren/Übernachten
Hotel Restaurant «Auberge de la Couronne» in La Theurre (beim Etang de la Gruère):
Tel. 032 951 11 15, www.couronne-latheurre.ch.
Montag und Dienstag geschlossen.
Restaurants und Hotels in Les Reussilles.

Varianten
Vom Etang de la Gruère nach Saignelégier (Bahnhof, Hotels und Restaurants), 1 Std. 45 Min.
Am Schluss statt nach Les Reussilles nach Tramelan absteigen (Bahnhof, Hotels und Restaurants), ca. 10 Min. länger.
Wanderung beim Etang de la Gruère beginnen oder beenden.
Postautohaltestelle «Moulin de la Gruère» oder «La Theurre» in der Nähe des Sees (nur wenige Verbindungen).

Informationen
Jura Tourisme Saignelégier:
Tel. 032 420 47 70, www.juratourisme.ch.
Jura bernois Tourisme:
Tel. 032 942 39 42, www.jurabernois.ch.

TRAMELAN – COURTELARY

12

Über die Montagne du Droit ins Vallon de St-Imier

Tramelan liegt zuhinterst in der breiten Talmulde, die der Bach Tram entwässert und der bei Reconvilier in die Birse mündet. Tramelan trug einst auch noch den deutschen Namen Tramlingen, der heute jedoch kaum mehr zu hören ist. Die Häuser von Tramelan haben sich an der Sonnseite des Talhanges ausgebreitet. Dahinter geht es steil hinauf in die Freiberge, von denen ein Teil auch noch zum Gemeindegebiet von Tramelan gehört. Ganz im Westen der Gemeinde liegt das Torfmoor «La Tourbière», wo bis ins 20. Jahrhundert noch Torf gestochen wurde, während im Dorf unten die Uhrenindustrie zu blühen begann und wo für die Arbeiter zahlreiche kubische Wohnhäuser gebaut wurden, die dem Dorf ein städtisches Aussehen verleihen. Diese Blüte ist seit der 70er-Jahr-Krise vorbei, doch immer noch sind verschiedene Industriezweige in der Elektronik-, Metall- und Werkzeugindustrie wichtige Wirtschaftszweige neben der Landwirtschaft, die nach wie vor eine grosse Bedeutung hat. Leider fast vergessen ist heute, dass Tramelan sogar einen Friedensnobelpreisträger hervorbrachte. Charles Albert Gobat (1843–1914) wurde in Tramelan geboren. Der Rechtsgelehrte und Schweizer Nationalrat war Gründungsmitglied und erster Generalsekretär der Interparlamentarischen Union IPU in Paris. Zusammen mit dem Genfer Elie Ducommun erhielt er 1902 den Friedensnobelpreis. Ab 1906 leitete er das Internationale Friedensbüro in Bern, das 1910 den Friedensnobelpreis erhielt. Seit 1921 hat die IPU ihren Hauptsitz in

Die Pferde freuen sich auch über Gesellschaft.

Aussicht von der Montagne du Droit über des Vallon de St-Imier

Genf. Sie arbeitet eng mit den Vereinten Nationen zusammen und konzentriert sich auf die Achtung der Menschenrechte, die Förderung von Frieden, Demokratie und Rechtsstaatlichkeit.

Nach Tramelans weltgeschichtlichen Dimensionen wenden wir uns wieder dem Nahen zu. Auf unserem Wanderweg berühren wir kaum das Dorfzentrum von Tramelan, sondern nehmen die Treppen durch die Unterführung auf die andere Seite der Eisenbahn und die schattigere Seite von Tramelan. An ein paar Wohnquartieren und Sportplätzen vorbei wandert man bald aus dem Dorf hinaus und steigt auf in Richtung Montagne du Droit, dem langen Bergzug, der das Tal von Tramelan vom Vallon de St-Imier trennt.

Gemächlich wandert man aufwärts, zuerst über Felder und durch dichtere Waldparzellen, mit zunehmender Höhe aber immer mehr über offene Weiden mit lichten Baumgruppen, über sogenannte Wytweiden. Kurz vor dem höchsten Punkt der Wanderung gibt es beim Hof «Bise de Cortébert» eine ideal gelegene, aussichtsreiche Einkehrmöglichkeit.

Wenig oberhalb dieses Bergrestaurants zweigt der Wanderweg gegen links ab. Dem Südhang der Montagne du Droit entlang führt der kleine Pfad mal durch Wald, mal mit Weitsicht über das Vallon de St-Imier.

Durch das Tal fliesst die Suze, die weiter unten den deutschen Namen Schüss trägt. Sie schäumt durch die Taubenlochschlucht nach Biel, wo sie sich in mehrere Arme verzweigt und in die Zihl und den Bielersee mündet.

Zuletzt gehts noch ein Stück auf die Strasse nach Courtelary hinunter. Das Städtchen, in dem früher ebenfalls die Uhrenindustrie blühte, ist heute Sitz der Schokoladefabrik «Chocolats Camille Bloch SA». Der Firmenpatron Camille Bloch gründete seine Schokoladefabrik in Bern und litt in den 1930er-Jahren wie die Uhrenindustrie unter der Wirtschaftskrise. In dieser Situation verlegte er sein Unternehmen nach Courtelary, wo er wegen der Uhrenkrise billigere Arbeitskräfte als in Bern fand und konnte auf diese Weise sein Unternehmen retten. Je nach Windrichtung und Produktionstag schwebt ein Duft von Schokolade durch die Strassen von Courtelary. Die Firma ist bekannt für innovative Schokoladekreationen, aber auch für ihre Tradition. So wird beispielsweise der Schokoladeriegel «Ragusa», eines der bekanntesten Produkte von Camille Bloch, schon seit 1942 produziert. Wem das Wasser im Mund zusammenläuft, kann sich im Fabrikladen mit Leckereien eindecken.

In der Waldflanke «Côte du Droit» beim Abstieg nach Courtelary

Bewaldete Steilhänge,
Äcker und Weiden im flachen
Vallon de St-Imier

Ein farbiges Detail
am Wegrand

Über die Montagne du Droit ins Vallon de St-Imier

DIE WYTWEIDE

Wytweiden (auch «Witweiden» geschrieben) vermitteln das bekannte Bild der traditionellen Juralandschaft: Gruppen von Bäumen und Sträuchern, Hecken, einzelne hohe Tannen und offenes Grasland wechseln sich ab und werden oft von Trockenmauern umgrenzt. Die Wytweide ist eine Kulturlandschaft und besteht nur dank der Bewirtschaftung. Ohne die Pflege durch die Bauern und ohne Beweidung würden die Wytweiden wieder verbuschen und vom Wald zurückerobert werden. Bäume und Hecken schützen das Grasland vor Verdunstung und Austrocknung und die Tiere finden unter den Bäumen Schutz vor der brennenden Sonne oder vor schlechtem Wetter. Das extensiv bewirtschaftete Land bietet vielen Tieren und Pflanzen einen geeigneten Lebensraum. Auch die Trockenmauern sind äusserst wertvolle Biotope. Zahlreiche Vögel und Reptilien finden Schutz zwischen den Steinen, und verschiedene Pflanzen, Flechten und Moose gedeihen an den sonnigen und warmen Trockenmauern.

ROUTE | Tramelan – Bise de Cortébert – Courtelary

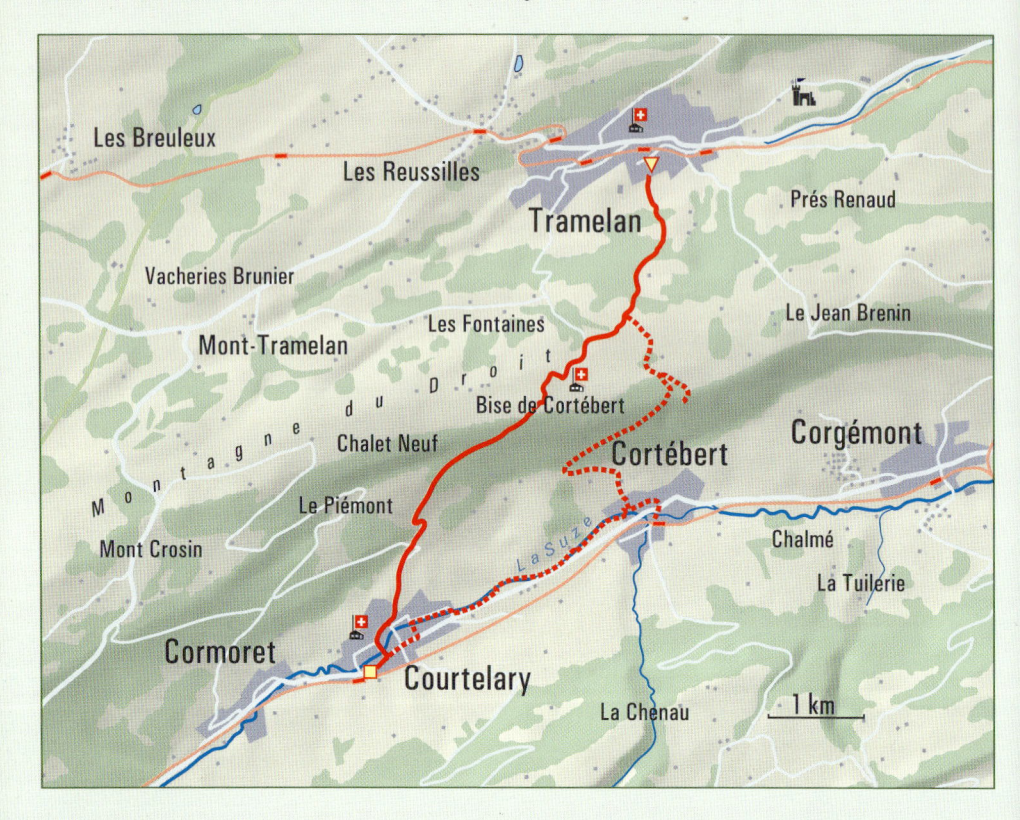

Anreise
Mit dem Zug bis Tramelan.

Rückreise
Ab Courtelary mit dem Zug.

Wanderzeit
2 Std.

Karten
Wanderkarten 1:50 000 222T Clos du Doubs, 232T Vallon de St-Imier

Einkehren/Übernachten
Hotels und Restaurants in Tramelan.
«Auberge Bise de Corébert»: Tel. 032 487 41 86.
Montag und Dienstag sowie Mitte Oktober bis Mitte November geschlossen.
Restaurants in Courtelary.
Weitere Hotels in St-Imier und Soceboz-Sombeval.

Varianten
Von Courtelary weiterwandern der Suze entlang bis Cortébert (Bahnhof, kein Restaurant). Schöne Strecke dem Fluss entlang, allerdings mit etwas Verkehrslärm. 50 Min.
Statt nach Courtelary nach Cortébert:
Tramelan – Bise de Corgémont – Cortébert, 1 Std. 50 Min. Vor dem Abstieg kann noch ein Aussichtspunkt besucht werden. Für diese Variante braucht man etwas mehr Trittsicherheit.

Informationen
Jura bernois Tourisme:
Tel. 032 942 39 42, www.jurabernois.ch,
www.camillebloch.ch.

LES PRÉS-D'ORVIN – MONT SUJET – DIESSE

13

Der vergessene Berg im Schatten des Chasserals

«Im Schatten des Chasserals», das muss man symbolisch verstehen. Der Chasseral ist ganz einfach viel höher, bekannter, hat eine Postautoverbindung und Autozufahrt bis fast zum Gipfel und ein Hotel obenauf. Der Mont Sujet wird weit seltener besucht, hat nur kleine – aber feine – Bergrestaurants zu bieten, liegt jedoch ganz auf der Sonnenseite des Chasserals, noch näher am Bielersee, mit wunderbaren Rundblicken über das Seeland und bis zu den Alpen. Diese Aussicht muss man sich aber wandernd erst verdienen.

Keine halbe Stunde nachdem der Bus noch durchs Bieler Stadtgewimmel manövrierte, sieht man sich in eine ruhige, weitläufige Wanderregion versetzt. Les Prés-d'Orvin besteht vor allem aus Ferienhäusern, die sich recht gut in den bewaldeten Hängen verstecken. Les Prés-d'Orvin ist im Winter beliebter Ausflugsort nicht nur für die Seeländer,

Vor dem Gipfel des Mont Sujet wird die Landschaft karger.

Auf den Weiden des Mont-Sujet-Gipfels, mit dem Chasseral im Rücken

um in den Schnee und über den Nebel zu fliehen. Der Weiler gehört zur Gemeinde Orvin, die früher noch den deutschen Namen Ilfingen trug. Auch der Mont Sujet, unser Gipfelziel, hat einen deutschen Namen: Spitzberg. Der Name wird heute noch gebraucht und ist auch auf der Karte verzeichnet. Spitz ist der Berg eigentlich überhaupt nicht, sondern ein langer Rücken, wie er für den Jura typisch ist. Dem entspricht der französische Name eher, denn wahrscheinlich ist «sujet» eine abgewandelte Form des Dialekt-Ausdruckes «suche», der etwa «kleiner Gipfel», «runder Berg» bedeutet.

Die steileren Flanken sind bewaldet, die flacheren Höhen wurden vor Jahrhunderten gerodet und sind heute, mit ihren von wenigen Bäumen oder Baumgruppen bestandenen Weiden und der herrlichen Weitsicht, wunderbare Wandergebiete.

Von Les Prés-d'Orvin «Bellevue» zweigt der Wanderweg gleich von der Strasse weg und steigt gemächlich gegen den Mont Sujet an. Am Rande von Weiden, zwischen weit ausladenden Ahornbäumen und hohen Fichten wandert man bis Noire Combe, wo man an den oberen Enden der Skilifte vorbeikommt. Fast flach geht es mit immer besserer Alpensicht weiter zur «Bergerie du Bas», welche auf der Wanderkarte etwas verwirrend mit «Bergerie du Mont Sujet» bezeichnet wird. Dieser Berghof mit Restaurant ist ein wunderschöner Ort für eine Rast. Etwa einen Kilometer weiter, bei der «Bergerie du Haut», besteht eine weitere Gelegenheit zur Einkehr, allerdings nur an Wochenenden. Von hier geht es fast weglos, aber leicht zu finden, in wenigen Minuten zum Gipfel auf 1382.4 Meter über Meer. Der Gipfel ist dem Wind ausgesetzt, aber an windstillen Tagen lädt er zu ausgiebigen Picknick-Pausen ein.

Wunderbarer Weitblick vom Mont Sujet über Bieler- und Murtensee zum Alpenkranz.

LES PRÉS-D'ORVIN – MONT SUJET – DIESSE

Im Frühling blühen am Mont Sujet unzählige Aprilglocken, im klaren Licht des Herbstes ist vielleicht die Fernsicht etwas besser. Die Wanderung hat jedenfalls zu jeder Jahreszeit ihre besonderen Reize, auch im Winter, dann aber nur mit Schneeschuhen.

Man muss vom Gipfel nicht den gleichen Weg zurückgehen, sondern kann etwas mehr gegen Südwesten über die Weiden hinunterwandern, bis man wieder auf den guten Weg kommt. Ihm folgt man leicht absteigend bis in ein kleines Tälchen, die Combe d'Enfer (ohne Namen auf der Wanderkarte). Durch dieses Tälchen geht der Wanderweg zuerst direkt hinunter und hält dann gegen rechts zur Combe Robin. Nach einem Waldstück ist man kurz vor Diesse auf einmal ganz nahe am Tessenberg, französisch Montagne de Diesse oder Plateau de Diesse. Diese weite Hochfläche über dem Bielersee mit seinem Ackermosaik, mit Wäldchen und Hecken und dahinter den Berner Alpen ist ein überraschender Anblick. Das Plateau war einst ausgedehntes Moorgebiet, wurde aber nach und nach entwässert und zu fruchtbarem Ackerland umgewandelt. Wem in Diesse das Warten auf das Postauto trotz Restaurant zu lange dauert, dem bietet sich als lohnende Fortsetzung der Wanderung der Weiterweg quer über das Plateau de Diesse nach Prêles an, wo man wiederum beim Kaffee auf das Postauto warten oder mit der Standseilbahn gleich nach Ligerz hinunterfahren kann. Eine weitere schöne Alternative zweigt bereits auf dem Gipfel von der Hauptroute ab: Vom Mont Sujet wandert man auf gleichem Weg zurück bis zum Wegweiser bei Punkt 1290 m zwischen den beiden Bergeries. Dort wählt man den Skulpturenweg als Abstieg nach Lamboing. Dieser Weg weist eine steilere Partie auf, hat etwas mehr Wald und somit weniger Aussicht. Er ist aber ein wenig kürzer als die Hauptroute. Die kunstvollen Holzskulpturen am Weg wurden von Schülerinnen und Schülern der Brienzer Holzbildhauerschule gestaltet. In Lamboing lässt sich dank Restaurants auch angenehm das Postauto abwarten.

Das kleine Ligerz und das grössere La Neuveville sind beides sehenswerte, gut erhaltene Städtchen. Beim Umsteigen lohnt es sich, hier vor der Weiterreise einen Rundgang zu machen. Statt in den Zug zu steigen, kann man den Ausflug auch bei einer Bielerseeschifffahrt ausklingen lassen.

Das überraschende Plateau des Tessenbergs oder «Montagne de Diesse» mit den Berner Alpen am Horizont

Beim Umsteigen vom Postauto auf den Zug oder das Schiff lohnt sich ein Besuch der Altstadt von La Neuveville.

LES PRÉS-D'ORVIN – MONT SUJET – DIESSE

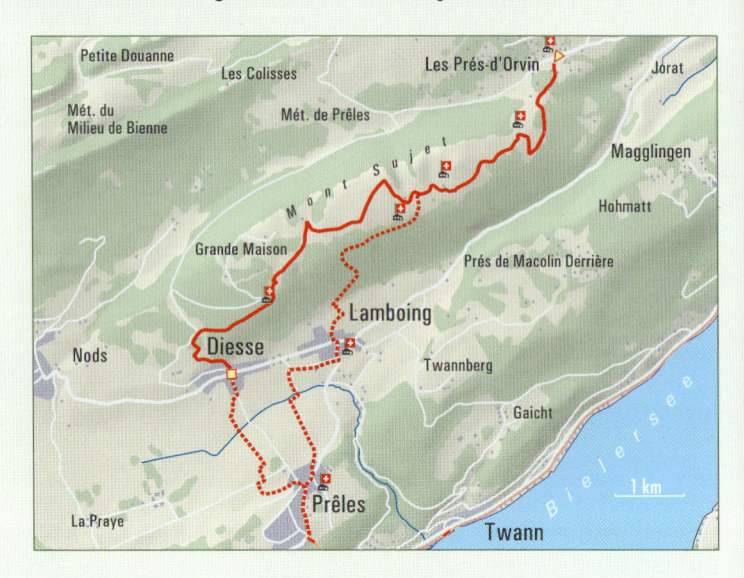

ROUTE Les Prés-d'Orvin – Noire Combe – Bergerie du Bas – Mont Sujet – Diesse

Anreise
Mit dem Zug nach Biel. Umsteigen und mit dem Bus nach «Les Prés-d'Orvin, Bellevue» (zweitletzte Haltestelle).

Rückreise
Von Diesse oder Lamboing mit dem Postauto bis La Neuveville und weiter mit dem Zug in Richtung Neuchâtel. In Richtung Biel hat man oft bessere Verbindungen, wenn man das Postauto nur bis «Prêles, gare» nimmt und mit der Standseilbahn nach Ligerz hinunterfährt. Von dort mit dem Zug oder per Schiff nach Biel.

Wanderzeit
2 Std. 30 Min.

Karte
Wanderkarte 1:50 000 232T Vallon de St-Imier

Einkehren/Übernachten
Restaurants in Les Prés-d'Orvin (aber nicht gleich am Wanderweg).
«Restaurant de l'Ours» in Diesse:
Tel. 032 315 77 11. Sonntag ab 15.00 Uhr bis Dienstag um 16.00 Uhr geschlossen.
Restaurants und Hotels Lamboing, Prêles, La Neuveville und Ligerz.
«Bergerie du Bas» (auf der Wanderkarte «Bergerie du Mont Sujet» genannt):
Tel. 032 322 76 75 / 079 637 40 56. Montag sowie November bis Mai geschlossen.
«Bergerie du Haut» (mit Übernachtungsmöglichkeit im Massenlager):
Tel. 032 315 10 75. Nur am Wochenende von April bis Oktober geöffnet.

Varianten
Abstieg vom Mont Sujet auf dem gleichen Weg bis zum Wegweiser bei Punkt 1290 m. Dann via Skulpturenweg nach Lamboing. Ca. 15 Min. kürzer als die Hauptroute.
Wer noch etwas weiter über den Tessenberg wandern möchte, erreicht in ca. 40 Min. ab Diesse oder Lamboing das Dorf Prêles mit Restaurants und Postautohaltestelle. Etwas unterhalb befindet sich die Bergstation der Standseilbahn nach Ligerz.

Informationen
Jura bernois Tourisme La Neuveville:
Tel. 032 751 49 49, www.jurabernois.ch.
Tourismus Biel Seeland:
Tel. 032 329 84 84, www.biel-seeland.ch, www.drei-seen-land.ch.

Hinweis
Die Busverbindungen sowohl auf der An- wie auch auf der Rückreise sind leider unregelmässig, sodass man Fahrplan und Uhr etwas im Auge behalten sollte.

BELLELAY – TRAMELAN   14

Im Ursprungsland des Tête-de-Moine

Bellelay liegt am Rand der Freiberge, dieser rauen Hochebene, die oft über 1000 Meter über Meer liegt. Bellelay liegt bereits auf 930 Meter über Meer und damit auch schon 200 Meter höher als Tavannes oder Reconvilier im nahen Vallée de Tavannes. Von diesen beiden Ortschaften gelangt man mit dem Postauto nach Bellelay oder allenfalls mit dem Rufbus, den man am Vortag reservieren muss.

Gemäss der Legende wurde das Kloster Bellelay 1136 von Siginand, einem Propst (Vorsteher) der Abtei Moutier-Grandval gestiftet. Siginand verfolgte auf der Jagd einen Eber durch die noch weiten Wälder des Juras. Nachdem er ihn schliesslich erlegt hatte, fand er aus der damaligen Wildnis des Hochjuras nicht mehr zurück. Er soll ein Gelübde abgelegt haben, ein Kloster zu stiften, wenn er heil nach Moutier zurückfände. Vier Tage irrte er in den Wäldern umher, bis er nach Moutier zurückfand. Er hielt sein Gelübde und gründete das Kloster mit dem Namen «Bellelay», abgewandelt von «belle laie», was übersetzt etwa «schöne Wildsau» bedeuten würde.

Die Kirche des ehemaligen Klosters Bellelay, in welcher heute auch Gemäldeausstellungen stattfinden.

Die baumbestandenen Weiden «Pré Piat» kurz vor Les Genevez

In Wirklichkeit wurde das Prämonstratenserkloster wahrscheinlich auf weniger wundersame Weise gegründet, nämlich ganz einfach auf geheiss des Bischofs von Basel als «Ableger» am Südwestrand des Bistums. Der Name ist eher eine lateinische Abwandlung von «bella lagia», was soviel wie «schöner Wald» bedeutet. Das Kloster wird um 1142 erstmals schriftlich erwähnt. Vor allem im 18. Jahrhundert erlebte es eine Blüte als Bildungszentrum für Adelssöhne aus eidgenössischen Orten und dem umliegenden Europa. 1797 wurde das Kloster aufgehoben und verfiel mit der Zeit. Auf dem Areal wurde Gewerbe betrieben, unter anderem eine Gerberei, eine Brauerei und eine Schmiede. 1899 wurde in den Gebäuden eine psychiatrische Klinik eingerichtet, die heute noch besteht.

Eine Berühmtheit aus dem Kloster ist der Käse «Tête de Moine», der traditionell nicht in Scheiben geschnitten, sondern hauchfein geschabt wird. Ob wirklich die Mönche aus Bellelay den Käse «Tête de Moine» (Mönchskopf) erfunden haben, kann nicht sicher nachgewiesen werden. Die Käseherstellung in der Abtei ist aber seit 1192 bezeugt. Seit 2001 ist der Name «Tête de Moine, Fromage de Bellelay» eine geschützte

Ursprungsbezeichnung (Appellation d'Origine Contrôlée, AOC). Der Käse trug nicht von Anfang an diesen Namen. Lange wurde er einfach Bellelay-Käse oder ähnlich genannt. Über die Herkunft des Namens gibt es verschiedene Legenden. Eine sagt, die Bezeichnung sei ursprünglich ein Spottname, da der runde Käse mit abgeschnittenem Deckel einem Mönchskopf mit Tonsur gleiche. Auch heute noch wird der Tête de Moine nach den alten Rezepten in acht Käsereien um Bellelay und in den Freibergen hergestellt. In Bellelay selbst kann in einer Schaukäserei die Herstellung des Tête de Moine mitverfolgt werden. Sehenswert ist auch die 1960 renovierte Klosterkirche. Ihre barocke Architektur dient regelmässig als sinnlicher Raum für Gemäldeausstellungen.

Auf dieser Wanderung verlässt man das Dorf Bellelay südwärts über einen Feldweg am Hauptgebäude der «Domaine Bellelay», dem Touristikzentrum von Bellelay mit der Schaukäserei, vorbei in Richtung des Moorgebiets «La Sagne». Im ausgedehnten Talboden um Bellelay haben sich wertvolle Feuchtgebiete erhalten, die heute unter Naturschutz stehen. Mehrere Rundwege mit Informationstafeln leiten durch die Wälder, Moore und an Weihern vorbei. Interessierte können hier schnell einmal eine oder zwei zusätzliche Stunden verbringen.

Auf der anderen Seite von La Sagne, am Fuss der steilen Waldflanke des Montbautier, biegt der Wanderweg gegen rechts ab in Richtung Les Genevez. Vom Waldrand aus hat man noch eine schöne Sicht über das Tal von Bellelay. Wir befinden uns hier im Quellgebiet der Sorne. Der Bach, hier fast nur ein Rinnsal, beweist in seinem weiteren Lauf die unglaubliche Kraft des Wassers. Nur eine kurze Strecke weiter im Osten hat die Sorne zwei Jurafalten durchbrochen und tiefe Schluchten ausgewaschen. Die Grotte de Sainte-Colombe in der zweiten Schlucht ist seit dem 13. Jahrhundert ein Wallfahrtsort. In dieser Grotte wurden

Weite Jura-Landschaft bei Les Genevez.

Mehrmals wandert man an kunstvollen Trockenmauern entlang.

Alte Mauern, Ahorn und Fichten und ein paar Höfe beim Aufstieg zu den «Prés de la Montagne»

auch archäologische Untersuchungen durchgeführt und die Anwesenheit von Menschen bereits zur Steinzeit belegt. Man fand zum Beispiel Werkzeuge aus bearbeitetem Feuerstein oder Tierknochen von Elch, Biber und Steinbock. Unterhalb dieser Schluchten schlängelt sich die Sorne durch das Delsberger Becken, fliesst durch Delémont (Delsberg) und mündet in die Birs.

Unser Wanderweg steigt eine Weile durch den Wald hinauf auf die Ebene von «Pré Piat» und führt kurz darauf ins Dorf Les Genevez. Man verlässt das Dorf sogleich wieder in Richtung Tramelan. Gemächlich steigt der Weg über Weideland und durch offene Waldpartien an bis fast auf 1100 Meter über Meer auf die Prés de la Montagne. Von diesen offenen, hoch gelegenen Juraweiden aus hat man eine entsprechend schöne Weitsicht über die Freiberge auf der einen Seite und zu den stärker gefalteten Juraketten auf der anderen Seite. Nur noch kurz ist der folgende Abstieg ins ehemalige Uhrenstädtchen Tramelan.

DIE TÄUFER

Statt an den typischen Jurahäusern aus Stein kommt man auf Wanderungen in den Freibergen, zum Beispiel auch in der Region um Tramelan, ausserhalb der Dörfer immer wieder an stattlichen Bauernhöfen mit der sogenannten «Berner Rûnde» vorbei. Diese typischen, holzverkleideten Rundungen an der Hausfront unter dem Dach kennen wir sonst vor allem aus dem Emmental oder Mittelland. Die Häuser stammen von Täufern aus dem Emmental, die durch die Berner Regierung verfolgt und vertrieben worden sind. Oberhalb von 1000 Metern liess der Bischof von Basel die Täufer unbehelligt leben.

Täufer wollen eine Glaubenstaufe, keine Kindertaufe, sie fordern eine Trennung von Kirche und Staat und lehnen Gewalt ab. Wegen ihrer religiösen Einstellung und der Weigerung, Eid oder Kriegsdienst zu leisten, wurden sie etwa ab der Reformationszeit während rund 300 Jahren gnadenlos verfolgt. Trotz der Verfolgungen und auch internen Meinungsverschiedenheiten, die zu verschiedenen Gruppierungen führten, konnten sich die Täufer bis heute halten. Weltweit gibt es über eine Million Täufer (Mennoniten, Anabaptisten, Amische, Hutterer usw.), etwa 4500 davon leben in der Schweiz.

ROUTE | Bellelay – La Sagne – Les Genevez JU – Tramelan

Anreise
Mit dem Zug bis Tavannes oder Reconvilier. Umsteigen auf das Postauto nach «Bellelay, poste». Wenige fixe Verbindungen. Mit dem Rufbus (PubliCar), den man am Vortag reservieren muss, kann man aber fast zu jeder Zeit fahren (siehe Kursbuch).

Rückreise
Ab Tramelan mit dem Zug.

Wanderzeit
2 Std. 45 Min.

Karte
Wanderkarte 1:50 000 222T Clos du Doubs

Einkehren/Übernachten
Hotels und Restaurants in Bellelay und Tramelan.

Variante
Wer sich lieber etwas länger im Moorgebiet «La Sagne» umsieht und dafür eine kürzere Wanderung machen möchte, wandert zum Beispiel von Bellelay via Saicourt nach Reconvilier. Bellelay – Reconvilier 2 Std.

Informationen
Jura bernois Tourisme:
Tel. 032 942 39 42, www.jurabernois.ch.
Ausstellungen in der Kirche Bellelay.
www.abbatialebellelay.ch,
www.tetedemoine.ch,
www.domaine-bellelay.ch.

COURT – CHAMPOZ – MALLERAY

15

Im rauen Berner Jura

Das Vallée de Tavannes ist nur durch Schluchten und Tunnels erreichbar. Court am einen Ende des Tals liegt gerade hinter der gleichnamigen Klus, den Gorges de Court. Beim Blick aus dem Zugfenster auf die steilen Felswände und Waldflanken stellt sich automatisch die Frage, wie diese eindrückliche Schlucht quer durch die Jurafalte entstanden ist. An den Gorges de Court hat die Birs, oder hier La Birse, gearbeitet. Durch den Druck der gegeneinanderdriftenden eurasischen und afrikanischen Kontinentalplatten begann sich der Juraboden zu heben. Die Kalkplatten, ursprünglich Ablagerungen eines seichten, warmen Meeres, wurden zusammengepresst und aufgefaltet. Mit der erstaunlichen Kraft des weichen Wassers und ein paar Millionen Jahren Zeit frass sich die Birs ebenso schnell wie die Kalkfalten in die Höhe wuchsen, durch das Gestein und trug es wieder ab. Zurück blieb eine mächtige Klus mit der typischen Form eines Orangenschnitzes. In der Klus von Court wurde ein Naturwaldgebiet gegründet, das heisst, seit dem Jahr 2000 wird dort der Wald während 50 Jahren nicht mehr bewirtschaftet, sondern ganz der Natur überlassen.

Eine Metalltreppe hilft über eine Felsstufe kurz vor dem Lac Vert.

Der geheimnisvolle Lac Vert in der Mulde eines ehemaligen Steinbruchs.

Wie viele andere Juradörfer und -städte entwickelte sich Court Ende des 19. Jahrhunderts vom landwirtschaftlich geprägten Dorf rasch zu einer Industriegemeinde, die sich auf Uhrmacherei und Maschinenbau spezialisierte. Allerdings gibt es in der Umgebung auch Eisenerzvorkommen, die ausgangs Mittelalter abgebaut und an Ort in Schmelzöfen verarbeitet wurden. Im 17. und 18. Jahrhundert kamen noch ein paar Glashütten dazu. Die Uhr- und Maschinenindustrie sind heute immer noch von Bedeutung. Einige Gebäude erscheinen in frischem Glanz, anderen Fassaden sieht man es jedoch an, dass die Blütezeit dieser Industrie schon einige Jahre her ist.

Vom Bahnhof wandert man durch das Städtchen und bald durch ein kleines Tälchen in die Waldflanke hinein. Man achte gut auf die Wegweiser, denn auf einmal zweigt der Wanderpfad vom breiten Weg ab, führt nochmals im Zickzack abwärts und steigt dann zuweilen recht steil auf zum Lac Vert. Wer die Karte studiert hat, wird vom See nicht überrascht. Dennoch wirkt er geheimnisvoll: ein dunkler, fast kreisrunder Spiegel mit etwa 200 Metern Durchmesser, umgeben von Fels und dichtem Wald. Die Entstehung des Sees ist weniger geheimnisvoll. Er entstand ganz einfach in der Mulde eines aufgelassenen Kalksteinbruchs. Rund um den See gibt es mehrere Picknick- und Grillplätze. Schwimmen, Baden und Fischen sind jedoch verboten.

Oberhalb des Lac Vert erreicht man bald die Höhe des Mont Girod. Am gleichnamigen Hof vorbei und durch Weiden mit Baumgruppen oder einzeln stehenden, stämmigen Fichten, Buchen und Ahorn geht es nochmals etwas bergauf über die Weiden der Pâturage de Mont Girod. Dann wird der Wanderweg flacher und neigt sich bald abwärts nach Champoz, einem der höchstgelegenen Dörfer im Berner Jura. Hier können steife Winde wehen. Man sieht es den langgebauten Häusern an, die ihre schmale Seite gegen die Windrichtung stemmen. Champoz ist ein sehr authentisch gebliebenes Dorf. Es ist nach wie vor landwirtschaftlich geprägt, obwohl auch zahlreiche Einwohnerinnen und Einwohner zur Arbeit in die Werkstätten und Büros des Vallée de Tavannes oder nach Moutier pendeln. Und trotz der rauen Bedingungen hat man hier den Humor nicht verloren. Die Zeitung «Journal du Jura» hatte gemeldet, der damalige Bundesrat Samuel Schmid habe in Champoz einen Bauernhof gekauft und wolle sich dort niederlassen. Die Meldung erschien am 1. April 2008 und war natürlich ein Scherz. Immerhin war aufgrund dieses Scherzes Samuel Schmid am 1. August nach Champoz gereist, um eine 1.-August-Rede zu halten. Zur Überraschung des Abends wurde der damalige Verteidigungsminister zum Ehrenbürger von Champoz ernannt.

Typisch Jura: Pferdekoppel neben dem Wanderweg beim Mont Girod

Hinter Champoz wandert man zuerst der Höhe entlang mit schöner Sicht über das Vallée de Tavannes und zum benachbarten Berg Montoz. Leider könnte die Aussicht in den nächsten Jahren etwas getrübt werden. Zurzeit ist nämlich die Autobahn A16, die Transjurane, durch das Vallée de Tavannes, im Bau. Diese Autobahn zwischen Biel und Boncourt soll bis 2016 fertig gebaut sein. Nach dem Hof «Sous Moron» geht es noch ein Stück dem Berghang des Moron entlang und nach einer Kreuzung nur noch hinunter nach Malleray-Bévilard.

Auf dem Moron steht übrigens ein Aussichtsturm («Tour de Moron»), der vom Stararchitekten Mario Botta geplant und von Lehrlingen gebaut wurde. Wer den Turm besuchen möchte, muss jedoch mit einer gut fünfstündigen Wanderung rechnen.

Es gibt aber auch kürzere, attraktive Varianten zu unserer Wanderung. Man kann zum Beispiel von der Pâturage de Mont Girod zum «Point de vue» abzweigen (mit Wegweiser markiert). Dieser Aussichtspunkt liegt zuoberst am Rand der Felsen der Gorges de Court. Man hat einen beeindruckenden Tiefblick in die Klus und nach Moutier. Vorsicht, kein Geländer sichert vor den abstürzenden Felswänden. Vom Aussichtspunkt wandert man ein Stück zurück und schlägt dann die Richtung Moutier ein. Für diese Variante braucht man etwas über drei Stunden.

Eine weitere empfehlenswerte Variante beginnt bei Perrefitte gleich neben Moutier. Die Wanderung führt zuerst durch die enge Schlucht «Combe Fabet», dann durch ein offenes Tal nach Champoz und weiter auf unserer Hauptroute nach Malleray.

Ein Bick zurück nach Champoz

98 Im rauen Berner Jura

Ein schöner Höhenweg führt zum Hof «Sous Moron».

Wer auf der Variante zum «Point de vue» wandert, hat diese Sicht hinunter in die Gorges de Court, nach Moutier und in die Gorges de Moutier im Hintergrund.

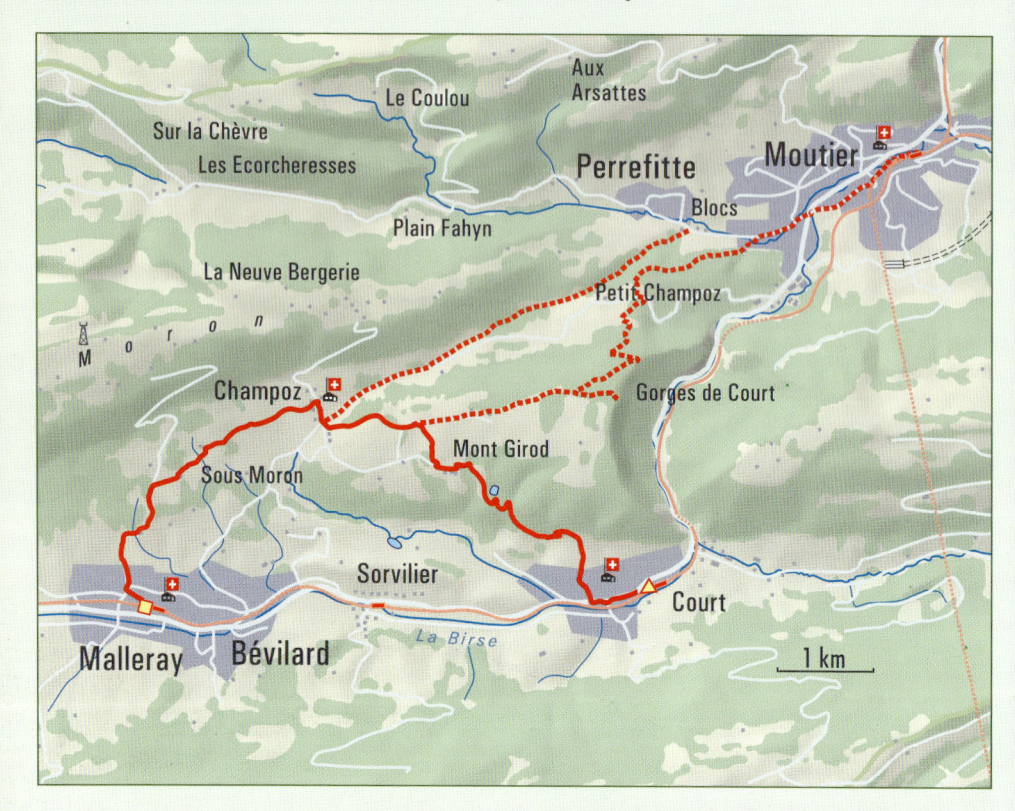

ROUTE | Court – Lac Vert – Mont Girod – Champoz – Malleray

Anreise
Mit dem Zug via Moutier oder Sonceboz-Sombeval nach Court.

Rückreise
Mit dem Zug ab Malleray-Bévilard in Richtung Moutier oder Sonceboz-Sombeval.

Wanderzeit
2 Std. 30 Min.

Karte
Wanderkarte 1:50 000 223T Delémont

Einkehren/Übernachten
Hotels und Restaurants in Court, Malleray, Champoz und Moutier.

Varianten
Court – Lac Vert – Mont Girod – Point de vue – Moutier, 3 Std. 15 Min. Auf dem letzten Stück der Strasse entlang könnte man das Postauto nehmen, allerdings fährt es eher selten. Perrefitte – Combe Fabet – Champoz – Malleray, 2 Std. 30 Min. Anreise: Vom Bahnhof Moutier mit dem Postauto nach «Perrefitte, Blocs» (sonntags wenige Verbindungen, zu Fuss ca. 35 Min.).

Informationen
Jura bernois Tourisme:
Tel. 032 494 53 43, www.jurabernois.ch.
www.moutier.ch,
www.court.ch,
www.tourdemoron.ch.

BONFOL – ALLE

16

Durch die unbekannte Ajoie

Die Ajoie, dieser kantige Zipfel der Nordwestschweiz, der auf drei Seiten von Frankreich umgeben ist, wird von Wanderinnen und Wanderern eher selten besucht. Die Ajoie, auf Deutsch auch Elsgau genannt, liegt ein wenig versteckt hinter beinahe 1000 Meter hohen Juraketten, engen Klusen und dem tief eingeschnittenen Tal des Doubs.

Die Geschichte der Ajoie besteht seit dem frühen Mittelalter sozusagen aus einer Aneinanderreihung von kirchlichen und weltlichen Machtkämpfen und Kriegen. Noch in der Zeit der Französischen Revolution und der Herrschaft Napoleons war die Ajoie turbulenter Schauplatz von Abspaltungen und Annexionen. Erst mit dem Wiener Kongress 1815 kehrte etwas Ruhe in die Region, als die Ajoie der Schweiz und somit dem Kanton Bern zugeschlagen wurde. Schliesslich, im Jahr 1979, wurde nach langem separatistischem Hickhack der Kanton Jura gegründet.

Einladende Informationstafel bei den Seen von Bonfol

Die Seen von Bonfol lassen sich auf verschiedenen Wegen umrunden.

Die Ajoie gehört geologisch zum Tafeljura und besteht aus einer weiten, fruchtbaren Hügellandschaft mit Wäldern, Wiesen, Äckern und Obstbaumbeständen. Die beschauliche Landschaft kontrastiert zum schroffen Kettenjura, der die Ajoie gegen Süden begrenzt.

Bonfol, unser Ausgangspunkt, ist durch seine Sondermülldeponie zu zweifelhafter Berühmtheit gekommen. Von 1961 bis 1976 wurden dort zum ersten Mal in Europa giftige Abfälle gezielt deponiert. Was damals als fortschrittliche Entsorgungs-Methode galt, sorgt heute für Kopfschütteln. Die Tongrube und die Fässer sind nicht so dicht wie damals angenommen, der Giftmüll sickert in den Boden und verseucht die Umgebung und das Grundwasser. Wann die Deponie saniert wird, ist nach wie vor unklar.

Trotz diesem Negativkapitel kann man sich in der Region an besonderen Naturlandschaften erfreuen. Wandert man vom Bahnhof einige Schritte der Hauptstrasse entlang zurück, kann man in der Nähe der Kirche die Geleise überqueren und steht schon nach wenigen Minuten bei den Weihern von Bonfol, dem Etang du Milieu und dem Neuf Etang. Die Teiche wurden im 18. Jahrhundert vom Fürstbischof von Basel künstlich angelegt und dienten der Karpfenzucht. Der tonhaltige Boden eignet sich hervorragend für die Anlage von Weihern. Es ist auch dieser Boden, der ebenfalls im 18. Jahrhundert in Bonfol die Ziegelindustrie und das Töpferhandwerk aufblühen liess. Die handwerkliche Herstellung von

Caquelons – feuerfesten Steingutpfannen – wurde aber 1912 von der industriellen Keramikherstellung abgelöst. Der Betrieb dieser Keramikfabrik wurde 1957 eingestellt.

Die Weiher von Bonfol stehen heute unter Naturschutz. Einladend gestaltete Informationstafeln stellen die Gegend vor und zeigen das Wegnetz um die Seen. Nach der Umrundung der Weiher (verschiedene Möglichkeiten) folgt man den Wegweisern durch den Wald «Le Chêtre» bis Vendlincourt. Hier könnte man bereits wieder in den Zug steigen oder einen Zwischenstopp im Restaurant einschalten. Der Weiterweg folgt auf der Südseite von Vendlincourt zuerst dem Waldrand, führt dann durch den Wald «Bois Juré» in die Höhe und danach wieder zwischen Wald und Feld mit schöner Aussicht abwärts nach Alle.

Wem diese Wanderung zu kurz ist, kann die Variante von Vendlincourt nach Porrentruy wählen. In der Nähe der Combe Vaumacon trifft man dabei überraschend auf einen attraktiven Waldlehrpfad. Eine Eingangspforte markiert den Beginn des Geländes mit verspielten Informationstafeln und Holzskulpturen, zum Beispiel aus Baumstämmen geschnitzten Waldtieren. Porrentruy, die Hauptstadt der Ajoie, wird vom weit herum sichtbaren Schlossturm schon früh angekündigt. Das Schloss ist ein mächtiger Bau, der im 13. Jahrhundert gebaut und seither immer wieder erweitert, umgebaut und nach Bränden wieder aufgebaut wurde.

Kurz vor Vendlincourt wandert man an einem weiteren See vorbei.

Aussichtsreicher Weg am Waldrand beim Abstieg nach Alle.

Kurz vor Alle, dahinter erheben sich bereits die höheren Juraketten.

Durch die unbekannte Ajoie

DIE WEIHER VON BONFOL

Die Ajoie unterstand bis gegen Ende des 18. Jahrhunderts dem Fürstbischof von Basel. Um die Tafel in seiner Residenz auf dem Schloss Porrentruy mit frischem Fisch aufzubessern, gab der Fürstbischof im Jahr 1751 die Anweisung, Weiher zur Karpfenzucht einzurichten. Also wurden im tonhaltigen Boden in der Nähe von Bonfol zwei Weiher ausgehoben, der Etang du Milieu und der Neuf Etang. In den Weihern und ihren Verlandungszonen hat sich eine reichhaltige Tier- und Pflanzenwelt angesiedelt. Um die Verlandung zu stoppen, wurden in den 1980er-Jahren Unmengen Schlamm aus den Seen gebaggert und der Damm dazwischen erhöht. Der Damm musste besonders verstärkt werden, denn in der Ajoie leben zugewanderte Bisamratten. Diese nachtaktiven Nager sind ausgesprochen leistungsfähig und können einen unbefestigten Damm in kurzer Zeit durchbohren. Die bis 30 Zentimeter grosse Bisamratte stammt ursprünglich aus Nordamerika, wurde aber nach Europa in Pelzfarmen eingeführt, von wo immer wieder einzelne Tiere entkamen, überlebten und sich ausbreiten konnten.

Die Südufer der Seen werden von Erlenbruchwäldern gesäumt, wie alle Auenwälder ein in der Schweiz sehr selten gewordener Waldtyp. Auf der Nordseite wachsen kräftige Eichen-Hagebuchen-Mischwälder. Die über Jahrhunderte dauernde Bewirtschaftung dieses Waldes hat die Eiche, die zum Beispiel für die Schweinemast wichtig war, gefördert. Dadurch konnten sich die Eichen halten, sonst hätten die Buchen längst überhand genommen.

ROUTE | Bonfol – Etangs de Bonfol – Le Chêtre – Vendlincourt – Alle

Anreise
Mit dem Zug via Delémont und Porrentruy nach Bonfol.

Rückreise
Mit dem Zug ab Alle, Vendlincourt oder Porrentruy.

Wanderzeit
Bonfol – Vendlincourt 1 Std. 30 Min.
Vendlincourt – Alle 1 Std.

Karte
Wanderkarte 1:50 000 222T Clos du Doubs

Einkehren/Übernachten
Restaurants und Hotels in Vendlincourt, Alle und Porrentruy.
«Restaurant du Grütli», Bonfol:
Tel. 032 474 40 15.
Dienstagnachmittag und Mittwoch geschlossen.

Variante
Von Vendlincourt via Combe Vaumacon nach Porrentruy, 2 Std.

Informationen
Allgemeine Informationen sowie für Stadt-, Schloss- und Museumsführungen in allen Landessprachen in Porrentruy:
Jura Tourisme Porrentruy:
Tel. 032 420 47 72, www.juratourisme.ch.

GLOVELIER – ST. URSANNE 17

Vom Schokolade-Dorf ins Tal des Doubs

Viele Gemeinden im Jura trugen früher auch deutsche Namen. So wurde Glovelier auch Lietingen genannt. Dieser Name wird heute jedoch nicht mehr gebraucht. Meistens sind es die grösseren Ortschaften, die heute noch einen geläufigen deutschen Namen haben, wie etwa Porrentruy/Pruntrut oder Delémont/Delsberg.

Gleich beim Bahnhof kommen Naschkatzen auf ihre Rechnung. Die «Chocolatière Glovelier» verführt mit handgefertigten Schokolade-Kreationen und lässt die Herzen aller Schokoladefans höher schlagen. Picknick-Süssigkeiten kann man also zu Hause lassen und sich vor dem Aufbruch zur Wanderung beim Chocolatier mit Leckereien eindecken. Allerdings geht dies nur am Wochenende, wo das Geschäft samstags und sonntags ab zehn Uhr geöffnet ist, unter der Woche öffnet es erst am Nachmittag.

Vielleicht schon mit etwas Schokolade-Geschmack auf der Zunge durchwandert man Glovelier, ein ehemaliges Strassenzeilendorf, der ganzen Länge nach bis zu einer grösseren Kreuzung an seinem westlichen Ende. Geradeaus weiter, das heisst etwa in Richtung Südwesten, folgt die Combe Tabeillon, die zu den Freibergen hinaufführt. Für unsere Wanderung wendet man sich an dieser Kreuzung aber nach rechts in Richtung Combe du Bez. Durch die letzten Quartiere, unter der Eisenbahn und zuletzt unter dem hohen Strassenviadukt hindurch, erreicht man die Combe, wo man nach Häusern, Strassen und Schienen plötzlich

Am Anfang der Combe du Bez wird die Sonne vom Blätterdach noch etwas abgeschirmt.

Vom Schokolade-Dorf ins Tal des Doubs

eine reine Naturwelt betritt. Die steilen Flanken der Schlucht sind mit dichtem Laub- und Nadelwald bedeckt. Der Bach, dem der Flurweg entlangführt, kann je nach Jahreszeit und Wetter ausgetrocknet sein. In angenehmer Steigung gewinnt man an Höhe. Die Combe du Bez ist ein seitliches Tal der langen Falte des Mont Russelin, der Glovelier vom Tal des Doubs trennt. Der Ausgang aus der Combe führt jedoch nicht direkt auf die Höhe dieser Falte, sondern in eine Längsmulde mit dem Namen Moëbrai. Hier lässt man nicht nur die Combe unter sich, sondern auch den Wald und wandert über Weideland durch die Mulde aufwärts auf die Grathöhe zu einem Pass, wo man auch eine Strasse überquert. Der Wegweiser gibt hier den Flurnamen «Le Bosnire» an. So heisst der Wald, den man hinter dem Pass wieder betritt. Durch diesen Wald geht es auf den ersten Metern recht steil abwärts, dann wieder flacher hinaus auf offenes Weideland um die Weiler von Montmelon. Die folgenden Wegweiser zeigen eine neuere Wegführung an, die auf älteren Karten noch nicht ersichtlich ist. Die Wegweiser leiten uns auf schöner Strecke über das Weideland und an Waldrändern entlang hinunter nach Montmelon-Dessous und an die Strasse am rechten Ufer des Doubs. Über eine Brücke gelangt man ans linke Ufer, wo der Wanderweg weiter in Richtung St. Ursanne führt. Mal erscheint der Fluss als blaues Band, mal grün, bleiern oder schwarz, dann wieder bildet er weisse Schaumkronen, wenn er über steinigen Grund eilt, und auf einmal glänzt er wie ein dunkler Spiegel, wenn er wie ein See fast stillzustehen scheint.

Der Doubs ist ein Karstfluss und führt deshalb eine sehr unregelmässige Wassermenge, wobei einige Staubecken die Wassermenge im Unterlauf etwas ausgleichen. Teile des Wassers des Doubs versickern im Kalkuntergrund. Bei Pontarlier verschwindet beispielsweise Wasser im Boden und tritt an der Karstquelle der Loue, etwa 10 Kilometer nördlich von Pontarlier, wieder zu Tage. Dieses Phänomen entdeckte man 1901, nachdem in Pontarlier eine Absinth-Destillerie in Flammen aufging, grosse Mengen Absinth in den Doubs flossen und einige Tage später die Loue stark nach Anis roch.

Der Name «Doubs» stammt vom lateinischen «dubius» für «ungewiss», «zweifelhaft». Unklar ist, ob er diesen Namen wegen seiner unregelmässigen Wasserführung trägt oder wegen seines Richtungswechsels. Nachdem der Doubs bei Mouthe (Frankreich), nahe der Schweizer Grenze, entspringt, durch die Schweiz bis St-Ursanne fliesst, macht er einen Bogen und kehrt fast parallel zurück, bis er nach Besançon und Dôle bei Verdun-sur-le-Doubs in die Saône mündet. Der Doubs ist damit etwa 430 Kilometer lang, Quelle und Mündung liegen aber nur rund 90 Kilometer voneinander entfernt.

Im Hochtälchen Moëbrai ist
die Wegspur über die Weiden nur
undeutlich sichtbar.

Blick hinunter ins tief
eingeschnittene Tal des Doubs

Eine ansprechend gestaltete Schwelle kurz vor St. Ursanne fasst das Wasser für ein kleines Kraftwerk.

Unsere Wanderung folgt nur etwa zwei Kilometer den Flussschleifen des Doubs, dann erblickt man St. Ursanne, das durch ein malerisches, mittelalterliches Stadtbild mit drei schönen Stadttoren besticht. Neben dem gut erhaltenen Stadtkern wird man sicher auch die zahlreichen gemütlichen Bistros und Restaurants schätzen. Ganz beendet ist die Wanderung allerdings noch nicht. Bis zum Bahnhof, der oberhalb des Städtchens liegt, rechne man noch etwa eine Viertelstunde Fussmarsch.

Wer gerne etwas länger dem Doubs entlangwandern möchte, kann sich für die Variante entscheiden. Man fährt mit dem Postauto von St. Ursanne bis zur Haltestelle «Chez le Baron» auf der Halbinsel Clos du Doubs zwischen der grossen Flussschleife des Doubs. Nun wandert man hinunter via Châtillon zum Doubs, dem man bis St. Ursanne folgt.

Das dunkle Band des Doubs wandelt ständig sein Gesicht.

Am Ziel der Wanderung: das mittelalterliche Städtchen St. Ursanne

Hinter der Brücke über den Doubs erhebt sich der Mont Russelin.

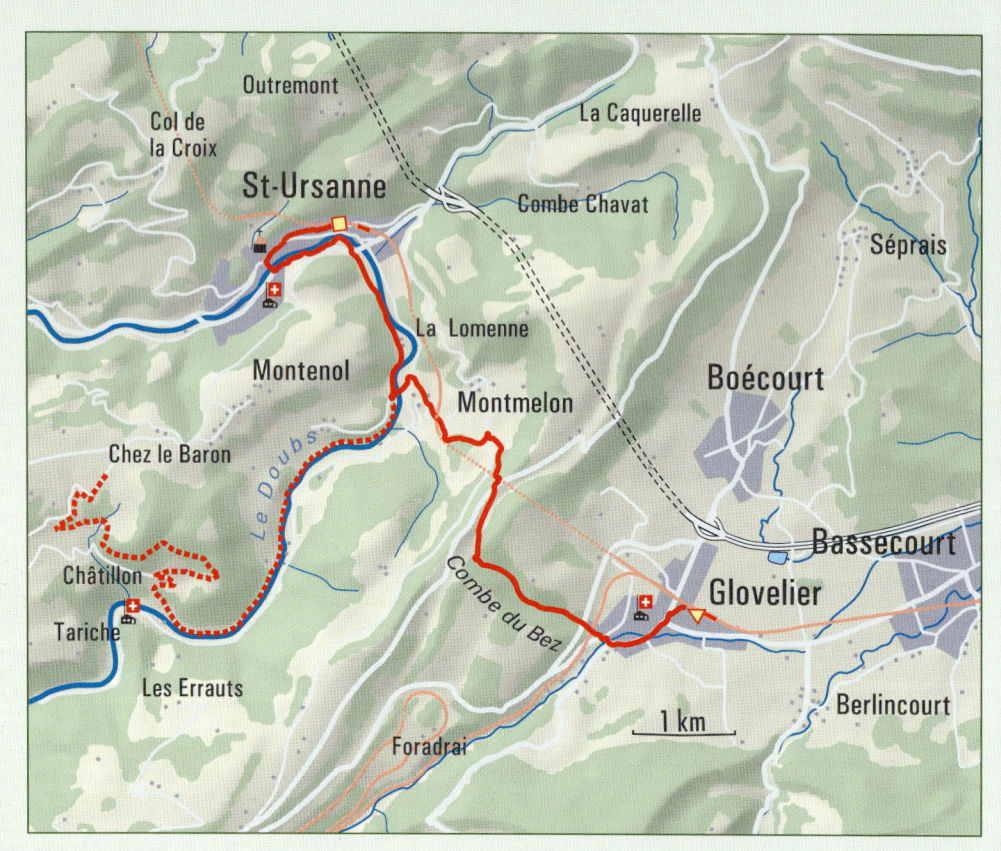

ROUTE | Glovelier – Combe du Bez – Montmelon-Dessous – St. Ursanne

Anreise
Mit dem Zug nach Glovelier.

Rückreise
Ab St. Ursanne mit dem Zug.

Wanderzeit
2 Std. 30 Min.

Karte
Wanderkarte 1:50 000 222T Clos du Doubs

Einkehren/Übernachten
Hotels und Restaurants in Glovelier und St. Ursanne.

Variante
Postauto von St. Ursanne nach «Chez le Baron» (Linie nach Soubey, nur wenige Verbindungen). Wanderung via Châtillon hinunter zum Doubs und seinem Ufer entlang bis St. Ursanne. 2 Std. 30 Min.

Informationen
Jura Tourisme:
Tel. 032 420 47 70, www.juratourisme.ch.

METTEMBERT – DELÉMONT

18

Vom Bauerndorf ins wirtschaftliche Zentrum des Juras

Mettembert ist eine der kleinsten Gemeinden des Kantons Jura. Das Bauerndorf liegt auf einer sonnigen Geländeterrasse in den nördlichen Jurafalten. Wer hier nicht in der Landwirtschaft arbeitet, ist in der Regel Wegpendler zu einem Arbeitsplatz in der Wirtschaftsregion Delémont. Wer vor der Wanderung durch das Dorf schlendern möchte, steigt bei der oberen Station aus, Mettembert «Ecole». Wer gleich losmarschieren will, kann bei der unteren Haltestelle, «bas du village», aussteigen.

Überraschendes Hochtal auf dem Weg nach «Grand Brunchenal»

La Haute Borne ist ein Knotenpunkt
im Wanderwegnetz, wie
die vielen Wegweiser beweisen.

Von der Postautohaltestelle wandert man zurück durch Mettembert und biegt ausserhalb des Dorfes nach rechts ab. Vom Feldweg aus hat man eine schöne Sicht über das weite Hochtal und zum Dorf zurück. Der Weg führt über das Weideland hinab in die Combe de Mettembert. Bei der Verzweigung unten in der Combe darf man nicht in Richtung Delémont weiterwandern, sonst gerät man auf eine ganz andere Route. Die Beschilderung ist hier nicht ganz optimal. Vorerst wählt man die Richtung «Le Burgisberg», wandert also das Tal entlang aufwärts. Bei der nächsten Verzweigung wandert man gegen links in Richtung «La Haute Borne». Durch die Combe du Vivier, eine ziemlich wilde Waldschlucht, aber mit sehr gutem Weg, geht es aufwärts in ein überraschendes Hochtal. Zwischen zwei Waldflanken breitet sich eine lange, sonnige Weide mit einigen Einzelbäumen und Hecken aus. «Grand Brunchenal» heisst der Hof weiter hinten, zu welchem der Wanderweg führt, einen Bogen auf die andere Talseite macht und über die Weiden ansteigt. Hier muss man wieder gut auf die Wegmarkierung achten. Der Wanderweg verlässt nämlich den breiten Flurweg und führt auf einer wenig ausgeprägten Wegspur hinauf zum Wald. Bald hat man den Wald durchquert und steht auf einmal auf der aussichtsreichen Höhe von La Haute Borne. Umgeben von bewaldeten Höhen, hat man das Gefühl, weit ab von der Zivilisation zu sein, und doch ist Delémont nur einen Katzensprung entfernt. Weit im Westen ist ein Bauwerk der Moderne erkennbar: die hohe Antenne,

Vom Bauerndorf ins wirtschaftliche Zentrum des Juras

Die Weite auf La Haute
Borne lädt zu
einer längeren Rast ein.

Der Überrest des
Schlosses Béridier gleich
oberhalb der Vorbourg

die auf dem Berg Les Ordons beim Pass Col des Rangier steht. Dieser Pass verbindet Delémont mit St. Ursanne und Porrentruy in der Ajoie.

La Haute de Borne ist ein passender Ort für eine ausgiebige Rast. Das Picknick kann man zu Hause lassen und es sich auf der Terrasse des Bauernhof-Restaurants «Haute-Borne» gut gehen lassen (Mittwoch geschlossen). Von hier an geht es durch reich strukturierten Laubmischwald, auf abwechslungsreichen Pfaden und zuletzt auf der Strasse fast nur noch abwärts nach Delémont im sogenannten «Delsberger Becken», einer der grössten Talsenken im ganzen Jura. Es erstreckt sich über rund 24 Kilometer zwischen Glovelier im Osten und Mervelier im Westen. Im Gegensatz zu den kargen und einem rauen Klima ausgesetzten Jurahöhen wird das mildere Becken mit den fruchtbaren Böden landwirtschaftlich intensiv genutzt, ist aber auch recht stark industrialisiert, verkehrstechnisch sehr gut erschlossen und bildet damit ein wirtschaftliches Zentrum des Juras.

Wer auch mal vier Stunden wandern mag, der kann sich ab La Haute Borne eine besonders interessante Variante vornehmen. Von La Haute Borne aus wandert man nicht direkt nach Delémont hinab, sondern geht in Richtung Béridier und Vorbourg weiter. Man überquert dabei den Waldrücken «Plain de la Chaive», den höchsten Punkt der Gemeinde Delémont. Beim Abstieg auf der anderen Seite kommt man an der Ruine von Béridier und der Kapelle von Vorbourg vorbei. Auch die Vorbourg war einst ein Schloss, das jedoch im Lauf der Zeit mit der Kapelle zusammengebaut wurde. Auf einem Felsvorsprung wacht die Wallfahrtskapelle Le Vorbourg hoch über dem scharfen Einschnitt der Klus, welche die Birs zwischen Delémont und Soyhières gegraben hat. Der Bau der Kapelle geht wahrscheinlich auf das 11. Jahrhundert zurück und ist damit das älteste jurassische Marienheiligtum. Über die Geschichte der beiden Schlösser und die Kapelle ist kaum etwas bekannt. Einige Legenden ranken sich um die alten Gemäuer. So soll etwa Papst Leo IX. persönlich die Kapelle im Jahr 1049 geweiht haben. Er selbst habe der Familie von Egisheim zugehört, welche zu den wechselnden Besitzern der Burg zählte.

Der direkteste Weg nach Delémont geht nun einfach der Strasse entlang, und nicht wie der Wegweiser anzeigt via «Auberge de Jeunesse». Der Weg der Strasse entlang ist zu Beginn nicht markiert. Doch nach wenigen Minuten fallen wieder die gelben Rhomben an Bäumen und Mauern auf. Welche Strassen man genau wählt, spielt allerdings keine grosse Rolle. Auf jedem Weg durchquert man zuerst ein Vorortsquartier mit modernen Häusern und je nach Geschmack etwas «gewagter» Architektur, dann wird man automatisch ins gut erhaltene Zentrum geführt. Delémonts Altstadt ist sicher einen Rundgang wert, auch verführen zahlreiche Bistros zum Hinauszögern der Heimreise. Aber auch das modernere Bahnhofquartier ist ansprechend gestaltet und lädt zum Verweilen ein.

DELÉMONT – BISCHOF- UND BISTROSTADT

Die Hauptstadt des jungen Kantons Jura gehört seit dem 13. Jahrhundert zum Bistum Basel und wurde von ihren Bischöfen geprägt, die hier von 1527 bis 1892 ihre Sommerresidenz hatten. Ihr opulentes Erbe macht Delémont zu einem kulturhistorischen Schauplatz: Schlösser, Gutshöfe, reich dekorierte Kirchen. Das fruchtbare Umland und die Lage an einem Verkehrsknotenpunkt kamen der Entwicklung der Stadt, die bereits im Jahr 736 erstmals urkundlich erwähnt wurde, ebenfalls zugute. Bei einem Stadtbummel lohnt sich der Blick auf die barocken Baudenkmäler. Besonders sehenswert ist die katholische Pfarrkirche St-Marcel aus dem Jahr 1767. Delémont erhielt 2006 den Wakkerpreis des Schweizer Heimatschutzes. Ausschlaggebend für die Preisverleihung war jedoch nicht nur die gepflegte Altstadt, sondern auch die sorgfältige, sinnvolle Entwicklung der moderneren Stadtteile. Beim Flanieren fallen auch die vielen Brunnen und die zahlreichen Bistros auf, die für eine behagliche Atmosphäre sorgen. Bei Juratourismus Delémont können Stadt- und Museumsführungen in allen Landessprachen gebucht werden.

Auf der Variante bei der
Kapelle Vorbourg vorbei hat
man einen weiten Blick
in die Klus der Birs und ins
westliche Delsberger Becken.

Auch am modern gestalteten
Bahnhofplatz lässt es
sich gemütlich verweilen.

METTEMBERT – DELÉMONT

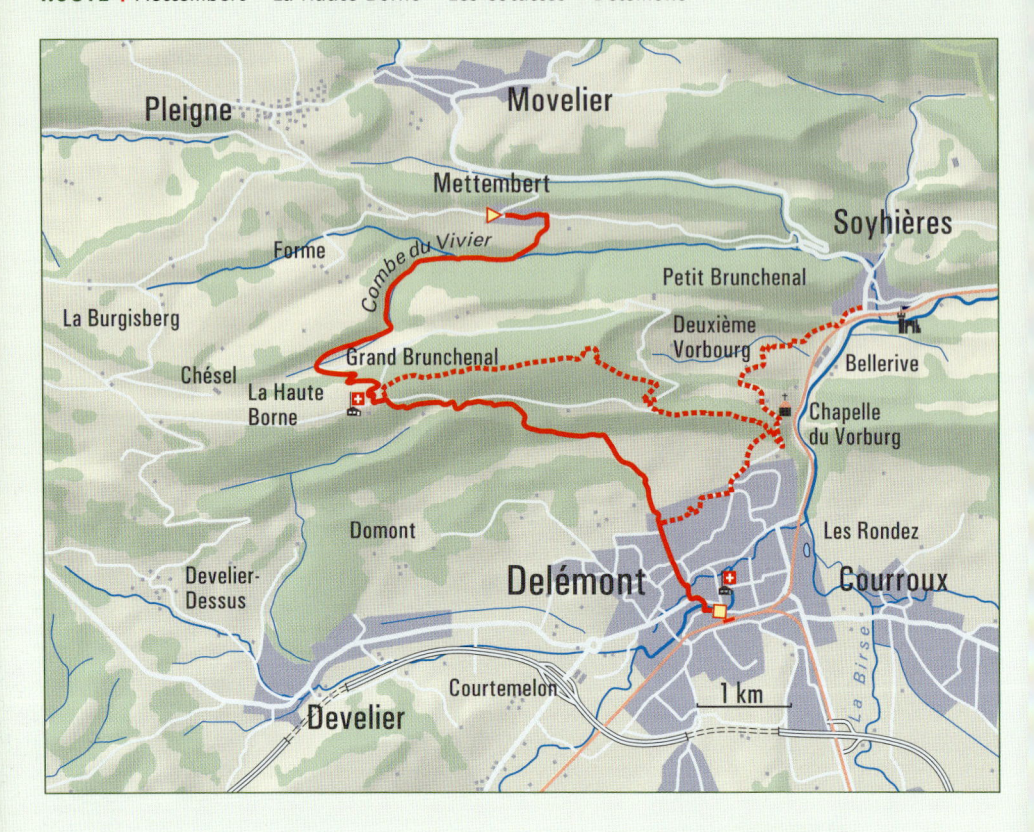

ROUTE | Mettembert – La Haute Borne – Les Côtattes – Delémont

Anreise
Mit dem Zug nach Delémont. Umsteigen auf das Postauto nach «Mettembert, Ecole» oder «bas du village».

Rückreise
Ab Delémont mit dem Zug.

Wanderzeit
Mettembert – La Haute Borne 1 Std. 40 Min.
La Haute Borne – Delémont 1 Std. 20 Min.

Karte
Wanderkarte 1:50 000 223T Delémont

Einkehren/Übernachten
Hotels und Restaurants in Delémont.
Restaurant «La Haute-Borne»:
Tel. 032 422 14 15. Mittwoch Ruhetag.

Varianten
La Haute Borne – Vorbourg – Delémont, 2 Std. 20 Min.
Kürzere Variante nach Vorbourg:
Soyhières (Postauto ab Delémont) – Béridier – Vorbourg – Delémont, 1 Std. 45 Min.

Informationen
Jura Tourisme Delémont:
Tel. 032 420 47 71, www.juratourisme.ch.
Kapelle Vorbourg:
www.abbaye-saint-benoit.ch/vorbourg.

FARNERN – BALMBERG

19

Sonnenbalkon am Rand des Naturparks Thal

Die Gemeinde Farnern breitet sich mit zahlreichen Einzelhöfen an der sonnigen Seite der südlichsten Jurafalte aus. Der Dorfkern befindet sich auf 800 Meter über Meer, an aussichtsreicher Lage und häufig über dem herbstlichen Nebelmeer. Trotzdem nahm die Bevölkerung bis in die 1970er-Jahre ab, denn die Arbeitsmöglichkeiten in den grösseren Ortschaften waren wichtiger als die bevorzugte Lage des kleinen Dorfes. Mit der Erschliessung durch den öffentlichen Verkehr und durch die gestiegene private Mobilität ist Farnern seither wieder zu einem beliebteren Wohnort für Wegpendler geworden, die in den grösseren Orten am Jurasüdfuss arbeiten. Trotzdem gehört Farnern mit heute rund 200 Einwohnerinnen und Einwohnern zu den kleinen Gemeinden des Kantons Bern, weist aber gleichzeitig eine hohe Zahl von Zweitwohnungen und Ferienhäusern auf. Der Gemeindename leitet sich übrigens von der Farnpflanze ab, weshalb drei Farne das Gemeindewappen schmücken.

Blick aus der Umgebung der Bettlerküche zur «Röti» (rechts) und ins weite Mittelland.

Kurz vor dem Hinteren Hofbergli blickt man zurück durch das überraschende Hochtal zum markanten Rüttelhorn.

Obwohl die Wanderung also bereits auf grösserer Höhe beginnt, steigt man noch etwa 300 Höhenmeter aufwärts, bis zuoberst auf die Jurafalte. Über dem Dorf Farnern zweigt der Weg bald von der Strasse ab und steigt über Wiesen und Weiden die Hänge hinauf. Man achte gut auf die Markierungen, damit man die teilweise unauffälligen Wegspuren nicht verpasst. Erstes Zwischenziel ist die Bettlerküche, auf der Karte in Mundart «Bättlerchuchi» geschrieben. Eine Sage erzählt, dass hier einst fahrende Schirm- und Kesselflicker gerne ihr Lager aufschlugen. Wenn man in den Dörfern den aufsteigenden Rauch auf dem Berg sah, sagte man: «Die Bettler kochen.» Eine andere Version sagt, dass früher arme Leute aus Welschenrohr auf die Aareseite hinüberwanderten, um zu betteln. Auf dem Rückweg hätten sie hier gerastet und etwas vom Erbettelten verzehrt. Heute ist die Bettlerküche ein familiärer Picknickplatz mit Feuerstellen und bester Fernsicht ins Mittelland hinaus und bis zu den Alpen. An besonders klaren Tagen schweift der Blick vom Pilatus bis hinüber zum Mont Blanc. Die senkrechten und überhängenden Felswände rund um die Bettlerküche sind ausserdem beliebte Kletterfelsen.

Bei der Bettlerküche überquert man noch einmal die Strasse, für welche hier ein Durchgang in den Fels gesprengt wurde. Die Strasse führt zu den Schmidematthöfen in einem überraschenden Hochtal, das sich der Länge nach an dieser Jurafalte ausbreitet. Die Strasse führt dann hinunter ins Tal von Welschenrohr. Vom Hochtal ist hier noch wenig zu sehen, weil Wald die Sicht versperrt. Vorerst geht der Wanderweg zuoberst am felsigen, bewaldeten Kamm entlang. Auf diesem steinigen Wegabschnitt ist etwas Vorsicht geboten, der Weg ist aber sehr

Felspfeiler beherrschen die Grathöhe des Chamben.

Schattenspendende Bäume und auch sonnige Bänke beim Gasthaus «Hofbergli»

Weitblick ins Mittelland mit dem Band der Aare

spannend und bietet immer wieder schöne Aussichten über die Felsflühe hinaus. Bei der Wegkreuzung «Hochchrüz» endet dieser Abschnitt und auch der Kanton Bern. Weiter wandert man im Kanton Solothurn und auf sehr gutem Weg zum Hinteren Hofbergli. Auf dieser Strecke sollte man hin und wieder nach hinten schauen, denn jetzt liegt die Sicht in das zuvor erwähnte Hochtal frei. Besonders eindrücklich ist das Rüttelhorn, ein bewaldeter Felskopf, der hoch über das Tal aufragt. Beim Hinteren Hofbergli lädt ein gemütlicher Berggasthof zu einer Rast ein.

Der Weiterweg steigt noch einmal leicht an in Richtung Chamben. Ein langes Band von eindrücklichen Felspfeilern bildet die Südseite des Chamben. Unter diesen Felsen hindurch führt der Wanderweg durch lichten Wald und trockene Rasen zum Stierenberg, wo schon das nächste Restaurant auf Gäste wartet. Die Wanderung wird fast zur «Beizentour», denn bald erreicht man den Balmberg, wo man gleich zwischen drei Gasthäusern auswählen kann. Wer auch mal Lust hat, etwas ganz anderes auszuprobieren, kann sich auf dem Balmberg in einen Seilpark wagen. Je nach Postautoverbindung hat man jedenfalls genügend Zeit für solche zusätzlichen Abenteuer. Da die Postautos nicht gerade fleissig fahren, lohnt sich für noch frische Wanderinnen und Wanderer auch die Fortsetzung des Ausflugs bis Balm bei Günsberg. Es geht zügig abwärts, durch einen Felseinschnitt und an der Ruine Balm vorbei bis ins Dorf Balm. Die Ruine Balm ist eine der wenigen Schweizer Grottenburgen, das ist eine Burg, die an eine natürliche Höhle gebaut ist. In Balm bei Günsberg hat es zwei Restaurants und die Postautoverbindungen sind wesentlich besser.

Beim Niederwiler Stierenberg besteht eine weitere Einkehrmöglichkeit.

Sonnenbalkon am Rand des Naturparks Thal

DER NATURPARK THAL

Ein Teil dieser Wanderung führt an der südlichen Grenze des Naturparks Thal entlang, der im Herbst 2009 vom Bund das Label «Regionaler Naturpark von Nationaler Bedeutung» erhielt. Der Naturpark liegt eingebettet in die Gebirgszüge des Solothurner Juras zwischen Weissenstein und Wasserfallen. Diese aussergewöhnliche Landschaft mit teils verwinkelten Tälern und einsamen Höhen ist noch fast ein Geheimtipp, obwohl sie im Einzugsgebiet von Basel, Bern und Zürich liegt. Dank traditioneller extensiver Land- und Forstwirtschaft bestehen im Naturpark noch grosse naturnahe Gebiete und in der Schweiz selten gewordene Lebensräume wie artenreiche Heumatten und Sömmerungsweiden, Kalkfelsen und lichte Waldstandorte. Der Naturpark Thal fördert eine nachhaltige Land- und Forstwirtschaft sowie den Erhalt von Lebensräumen für seltene und gefährdete Tier- und Pflanzenarten wie beispielsweise verschiedene Orchideen und Enziane, den Gelbringfalter, Auerhuhn, Steinadler und viele mehr.

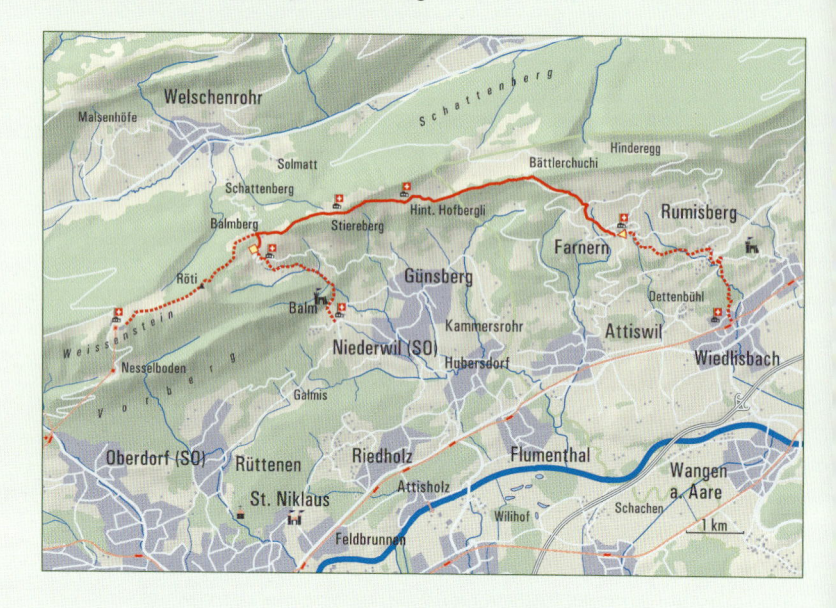

ROUTE | Farnern – «Bättlerchuchi» – Hofbergli – Balmberg

Anreise
Mit dem Zug nach Wiedlisbach oder Wangen an der Aare. Umsteigen auf den Bus nach «Farnern, Jura».

Rückreise
Mit dem Postauto von «Oberbalmberg, Kurhaus» bis zum Bahnhof Solothurn.

Wanderzeit
2 Std. 30 Min.

Karte
Wanderkarte 1:50 000 223T Delémont

Einkehren/Übernachten
Restaurant «zum Jura», Farnern:
Tel. 032 636 27 02. Mittwoch geschlossen.
Restaurant «Hofbergli»:
Tel. 032 637 15 03. Dienstag geschlossen.
Bergrestaurant «Stierenberg»:
Tel. 032 637 25 17.
Hotel Restaurant «Oase Balmberg»:
Tel. 032 637 37 37, www.oasebalmberg.ch.
Restaurant «Mittlerer Balmberg»:
Tel. 032 637 15 30. Montag ganzer Tag und Dienstag bis 11.00 Uhr geschlossen.
Restaurant «Vorderbalmberg»
(mit Massenlager): Tel. 032 637 15 06, www.vorderbalmberg.ch.
Dienstag und Mittwoch geschlossen.
Balm: Restaurant «Balmfluh»,
Tel. 032 637 15 46, und Restaurant «Balmschloss», Tel. 032 637 15 47.

Varianten
Je nach Wochentag und bevorzugter Wanderzeit (eher am Morgen oder eher am Nachmittag) empfiehlt sich aufgrund der Busverbindungen auch die Wanderung in umgekehrter Richtung. Ca. 20 Min. kürzer.
Von Farnern könnte man auch in ca. 50 Min. nach Wiedlisbach Bahnhof hinunterwandern.
Von Balmberg in ca. 40 Min. bis Balm bei Günsberg weiterwandern. Bessere Postautoverbindungen als von Balmberg.
In Balmberg starten und über den Gipfel der «Röti» zum Weissenstein wandern. Restaurant, Sesselbahn nach Oberdorf (Restaurants, Bahnhof). 1 Std. 50 Min.

Informationen
Stadtladen Langenthal
(Tourismusbüro für den Oberaargau):
Tel. 062 919 19 00, www.myoberaargau.ch.
Kanton Solothurn Tourismus:
Tel. 032 626 46 56, www.mysolothurn.com.
Region Solothurn Tourismus:
Tel. 032 626 46 46, www.solothurn-city.ch.
www.seilpark-balmberg.ch,
www.naturparkthal.ch.

MARIASTEIN – LAUFEN

20

Zwischen Leimen- und Laufental

Die Anreise zu dieser Wanderung ist bereits eine Besonderheit. Es ist die einzige Wanderung in diesem Buch, für die ein Tram benutzt werden muss. Darüber hinaus handelt es sich sogar um die längste Tramlinie Europas. Das Basler «Drämmli» Nummer 10 fährt 26 Kilometer weit von Dornach über Basel bis Rodersdorf und durchquert die Kantone Basel-Stadt, Basel-Landschaft und Solothurn sowie bei Leymen ein Stück Frankreich. So weit fährt man allerdings nicht, sondern steigt im Grenzort Flüh aus. Von dort fährt das Postauto zum Kloster Mariastein, dem Ausgangspunkt der Wanderung. Das Benediktinerkloster von 1645 steht auf einer grünen Hochebene über dem Leimental. Es gehört zur Gemeinde Metzerlen-Mariastein, welche in einer solothurnischen Exklave liegt. Vor dem Aufbruch zur Wanderung lohnt sich ein Besuch der Klosterkirche und der unterirdischen Felsenkapelle. Auch der nüchterne Betrachter wird von diesem monumentalen Bau mit seinem opulenten Barockzierrat kaum unberührt bleiben. Mariastein mit der Gnadenkapelle in der Felsengrotte ist ein rege besuchter Wallfahrtsort und wird jedes Jahr von mehr als 150 000 Pilgern aufgesucht. Das Kloster Mariastein ist neben dem Kloster Einsiedeln der zweitwichtigste Wallfahrtsort der Schweiz. Die Legende erzählt, dass eine Mutter mit ihrem Jungen auf dem Feld über dem Felsabbruch, über dem heute das Kloster steht, das Vieh hütete. Während der Mittagshitze schlief die Mutter in einer Höhle und das Kind geriet beim Spielen zu nah an die Felskante und fiel die senkrechte Wand hinunter. Als die Mutter erwachte, fand sie

Eindrückliche Ausstattung der Klosterkirche Mariastein

den Jungen nicht mehr und rannte bestürzt ins Tal. Dort stand ihr Kind, völlig unverletzt. Es erzählte, es sei von einer Frau aufgefangen worden. Der Vater war überzeugt, dass es sich um die Erscheinung der Gottesmutter Maria handeln müsse. Zum Dank liess der Vater eine Kapelle über der Höhle bauen, in welcher die Mutter geschlafen hatte.

Auf dem Plateau der Gemeinde Metzerlen-Mariastein stehen noch andere historische Gebäude, zum Beispiel die aus dem 12. Jahrhundert stammende Burg Rotberg. Die im Lauf der Zeit zerfallene Burg wurde zwischen 1934 und 1936 wieder aufgebaut und beherbergt heute eine Jugendherberge, in welcher vor allem Gruppen und Schulen das mittelalterliche Ambiente geniessen.

Über das Plateau erhebt sich der Blauen, ein langer, bewaldeter Jurakamm, hinter dem das Wanderziel Laufen liegt. Der Blauen ist die nördlichste Jurafalte und erreicht eine Höhe von 875 Meter über Meer. Danach breiten sich die Flächen des Sundgaus und der Oberrheinischen Tiefebene aus. Im Westen bildet der Blauenkamm eine natürliche Grenze zwischen der Schweiz und Frankreich. Zudem bildet er die Wasserscheide zwischen Leimental mit dem Bach Birsig und dem Laufental mit der Birs. Die Kalk- und Tonschichten des Blauen enthalten viele Versteinerungen von Meerestieren wie Muscheln, Schnecken, Seeigeln und vielem mehr. Sie stammen aus einem warmen Jurameer, das sich in der Zeit vor etwa 140 bis 200 Millionen Jahren, noch vor der Alpen- und Jurafaltung, hier ausbreitete.

Über den Blauen führt also die Wanderung, allerdings nicht über den höchsten Punkt, sondern beim Metzerlenchrüz (auf der Karte «Mätzerlechrüz») vorbei, das auf 789 Meter über Meer liegt. Von Mariastein wandert man zuerst ein kurzes Stück der Strasse entlang bis zu einer grossen Kurve. Hier verlässt der Wanderweg die Strasse und steigt Hecken und Waldrändern entlang aufwärts in Richtung Blauen. Nach einer Strecke durch den dichten Wald, unterbrochen von einer überraschenden Lichtung, erreicht man den Kamm beim «Metzerlenchrüz», einem Pass mit einem Holzkreuz.

Von hier geht es auf einem recht steilen Pfad zum «Bergmattenhof» hinab. Wer eine flachere Variante bevorzugt, kann zuerst in Richtung Blauen/Dorf wandern und nach etwa 800 Metern bei einer Kreuzung unter einer Hochspannungsleitung wieder nach rechts zum «Bergmattenhof» abbiegen. Für diese Variante braucht man etwa 20 Minuten länger. Der «Bergmattenhof» ist eine aussichtsreich gelegene Gartenwirtschaft, eine willkommene Gelegenheit für einen Zwischenhalt, bevor nochmals ein kurzer Aufstieg zum Burgchopf folgt. Danach senkt sich der Weg hinunter ins liebliche Tal namens «Schachlete». An den Wegrändern wuchern hier streckenweise die Büsche des Drüsigen Springkrauts. Die rosa Blüten sind schön anzusehen und im Herbst bilden sich Kapseln, die, wenn sie reif genug sind, aufplatzen und die Samen weit herum verstreuen. Bei diesem Springkraut handelt es sich jedoch um eine neu zugewanderte Pflanzenart, die sich enorm ausbreitet und ursprüngliche Arten verdrängen könnte.

Drüsiges Springkraut am Wegrand im Schachlete-Tal

Nach diesem Tal erreicht man bereits die ersten Häuser von Laufen. Wenig später schreitet man durchs Stadttor und schlendert durch die malerische Altstadt mit den zahlreichen gemütlichen Strassencafés. Wer zudem an einem ersten Dienstag im Monat durch Laufen spaziert, erlebt den bunten Laufener Monatsmarkt.

In Mariastein gibt es nicht nur geistige Nahrung.

Überraschende Lichtung kurz vor dem Metzerlenchrüz

Aussicht vom Blauen über den Hügel Obmert ins Laufental

Wald und Wiesen zwischen Metzerlenchrüz und «Bergmattenhof»

Vom «Bergmattenhof» blickt man über Obstbäume hinweg ins Laufental.

Laufens Altstadt lädt zum Bummeln und Verweilen ein.

LAUFEN

Wo die Birs über eine Felsstufe hinunterfällt, wurde 1295 die Stadt gegründet. An dieser verkehrstechnisch günstigen Lage liess sich der Flussverkehr kontrollieren und Zölle und Abgaben konnten eingezogen werden. Auch einige Mühlen nutzten das Gefälle des Baches. Das Wort «Laufen» oder «Lauffen» wurde früher für Stromschnellen gebraucht und hat der Stadt den Namen gegeben. Auf diese Weise sind auch andere Städte zu ihren Namen gekommen, zum Beispiel Laufenburg am Rhein oder Lauffen am Neckar.

Laufen gehörte während der Wirren der französischen Revolution für 87 Tage zu einem neuen jurassischen Staat, der «Raurachischen Republik». Später, in der Zeit Napoleons, wurde Laufen dem französischen Departement «Mont Terrible» einverleibt. Am Wiener Kongress 1815 wurde Laufen vermutlich aufgrund eines Irrtums nicht Basel, wie die anderen deutschsprachigen Bezirke, sondern wie die übrigen jurassischen Gebiete Bern zugeschlagen. Man munkelte, der Unterhändler am Wiener Kongress, Baron d'Andlau aus Arlesheim, habe gar nicht gewusst, dass seine Untertanen in «Laufon» (französisch für «Laufen») deutsch sprachen. Nach der Gründung des Kantons Jura 1979 war der Bezirk Laufen zu einer Exklave des Kantons Bern geworden. 1989 stimmte die Bevölkerung knapp dem Übertritt zum Kanton Basel-Landschaft zu.

Laufens Stadtkern hat einige Sehenswürdigkeiten zu bieten, etwa die teilweise erhaltene Stadtmauer mit drei Toren, das Stadthaus oder die barocke Katharinenkirche von 1698, wohl das schönste Laufener Kunst- und Kulturdenkmal (renoviert 1971). Ein Zeugnis aus Urzeiten findet man auf dem Friedhof, wo zwei Seitenplatten und eine Deckplatte einen Dolmen bilden, eine Grabstädte aus der Jungstein- oder Bronzezeit (bis ca. 6000 v. Chr.).

ROUTE | Mariastein – Metzerlenchrüz – «Bergmattenhof» – Schachlete – Laufen

Anreise
Mit dem Zug nach Basel. Umsteigen und mit dem Tram Nr. 10 (Richtung Rodersdorf) nach Flüh. Von Flüh mit dem Postauto bis «Mariastein, Kirchplatz». Oder vom Bahnhof Laufen mit dem Postauto nach Mariastein (unregelmässige Verbindungen).

Rückreise
Ab Laufen mit dem Zug in Richtung Basel oder Delémont.

Wanderzeit
2 Std. 30 Min.
Mit der flacheren Variante zwischen Metzerlenchrüz und «Bergmattenhof» ca. 20 Min. länger.

Karten
Wanderkarten 1:50 000 213T Basel, 223T Delémont

Einkehren/Übernachten
Hotels und Restaurants in Flüh, Mariastein und Laufen.
Restaurant «Bergmattenhof»:
Tel. 061 761 34 56.
Dienstag und Mittwoch geschlossen.

Variante
Statt in Flüh auf das Postauto warten, zu Fuss nach Mariastein aufsteigen. Ca. 30 Min.

Informationen
Verkehrsverein Leimental:
Tel. 061 721 22 66, www.leimental.ch.
Kanton Solothurn Tourismus:
Tel. 032 626 46 56, www.mysolothurn.com.
Schwarzbubenland Tourismus:
Tel. 061 702 17 17, www.schwarzbubenland.com.
Kloster Mariastein:
Tel. 061 735 11 11, www.kloster-mariastein.ch.
www.laufen-bl.ch.

MELTINGEN – GRELLINGEN

21

Schluchtwanderung durchs Chaltbrunnental

Eine Wanderung durch eine Schlucht bietet sich bei jedem Wetter an. An heissen Sommertagen verspricht sie Schatten und angenehme Temperaturen. Aber auch bei Nebel und Wolken, wenn man auf Aussichtspunkten ohnehin nichts verpasst, ist eine Schluchtwanderung eine gute Wahl. Und nicht zuletzt bei Nässe und Regen haben Schluchten einen besonderen Reiz, weil in der Nässe Felsen und Pflanzen glänzen, die Farben von Moosen, Blättern und Pilzen besonders intensiv leuchten und Bäche voller Wasser sprudeln und rauschen. Allerdings ist bei nassen und damit auch rutschigen Verhältnissen etwas mehr Vorsicht geboten.

Immer wieder führen kleine Brücken über den Ibach.

Hirschzungen und andere Farne und Moose leuchten bei Nässe besonders schön.

Dicke Moospolster überziehen Felsblöcke und Wurzeln am Ibach.

Die Wanderung beginnt in Meltingen, einer Gemeinde im solothurnischen Schwarzbubenland. Mitten im Chaltbrunnental wird man die Grenze zum Kanton Basel-Landschaft überschreiten. Wer gleich loswandern will, steigt bei der Postautohaltestelle «Meltingerbrücke» aus. Wer aber noch etwas vom Dorf sehen, vor dem Aufbruch in einem Restaurant einkehren oder im Dorfladen seinen Proviant aufbessern möchte, fährt bis «Gemeindezentrum». Von dort schlendert man durch das sympathische Dorf wieder hinunter zur «Meltingerbrücke».

Bevor man in die Schlucht eintaucht, wird man an einem Bauerngut vorbeigeführt, wo man im Herbst Zier- und Speisekürbisse kaufen kann. Wenig später wird man von der faszinierenden Landschaft des Chaltbrunnentals empfangen. Hirschzungen und andere Farne zieren die Felswände der Schlucht und dicke Moospolster überziehen Felsblöcke und Baumstümpfe. Der Ibach rauscht mal durch eine Engstelle, mal fliesst er gemächlich dahin. Geknickte Stämme hängen im Geäst anderer Bäume und gefallene Baumriesen haben sich zwischen den Schluchtwänden verkeilt und bilden wackelige Brücken. Auch auf unserer Wanderung überqueren wir mehrmals den Ibach, allerdings auf stabil gebauten Stegen. Der Weg durch das Chaltbrunnental schlängelt sich an beiden Ufern des Ibachs entlang. Das Tal ist stellenweise ziemlich eng und meistens bewaldet. Hin und wieder öffnet sich jedoch die Schlucht, auch der Weg wird breiter und eine bewirtschaftete Lichtung kommt zum Vorschein. Etwa auf halbem Weg überquert man die Strasse, welche Brislach mit Himmelried verbindet. Wer jetzt gerne eine Pause mit

Wilder Abschnitt im Chaltbrunnental

Bewirtung geniessen möchte, kann etwa eine Viertelstunde der Strasse entlang Richtung Himmelried wandern und im «Landbeizli Chaltbrunnental» in der Nähe von Schindelboden einkehren. Auf gleichem Weg kommt man wieder zurück ins Chaltbrunnental und beginnt die zweite Etappe durch die Schlucht. Eine Besonderheit im unteren Teil des Chaltbrunnentals sind die vielen Höhlen. Zahlreiche Löcher gleich neben dem Weg führen ins Felseninnere. Aus vielen der Höhlen rinnt Wasser. Ein paar riesige Höhleneingänge verlocken sogar, einzutreten und die Gänge zu erkunden. Wer dies wagt, sollte aber nie allein unterwegs sein und unbedingt eine Taschenlampe dabeihaben. In diesen Höhlen entdeckte man Funde aus der frühen Menschheitsgeschichte. Werkzeuge und Speerspitzen aus Feuerstein, Knochennadeln und anderes haben teilweise ein Alter von mehreren zehntausend Jahren.

Das Ende des Chaltbrunnentals kündigt sich kaum an. Auf einmal steht man vor einem grösseren Fluss. Es ist die Birs, in welche der Ibach mündet. Wandert man der Birs entlang flussabwärts, steht man nach wenigen Minuten vor einem erstaunlichen «Denkmal». Die Felswände des «Chessilochs» sind über und über mit Wappen bemalt. Während des Ersten Weltkrieges haben die Soldaten, welche die strategisch wichtige Talenge mit Strasse und Eisenbahn bewachen mussten, die Wappen ihrer Heimatkantone und ihrer Einheiten an die Felsen gemalt und zum Teil in den Stein gehauen. Das «Chessiloch» ist heute ein bedeutendes militärhistorisches und geschütztes Kulturdenkmal. Nun wandert man noch ein Stück der Eisenbahn und der Birs entlang zum Bahnhof von Grellingen.

Am Zusammenfluss von
Ibach und Birs

Die Soldatenwappen
beim «Chessiloch» aus dem
Ersten Weltkrieg

DAS SCHWARZBUBENLAND

Der nördlichste Teil des Kantons Solothurn wird Schwarzbubenland genannt und besteht aus den Bezirken Dorneck und Thierstein. Das Schwarzbubenland ist im Süden durch die Passwangkette vom übrigen Kanton abgegrenzt. Gegen Norden zergliedert sich das Schwarzbubenland in zwei solothurnische Exklaven, die von den Kantonen Basel-Landschaft, Jura sowie von Frankreich umgeben sind. Die intakte Natur- und Kulturlandschaft mit Hügeln, Schluchten, Hochtälern und weiten Kirschbaumplantagen gilt als Basler Naherholungsgebiet. Mit seinen zahlreichen Schlössern, Ruinen und Klöstern bietet das Schwarzbubenland auch manche kulturhistorische Sehenswürdigkeiten. Die Herkunft des Namens liegt im Dunkeln. Wer ein wenig danach forscht, stösst auf mindestens sechs Legenden. Eine besagt, dass das Schmuggeln in der Region wegen der nahen Grenze zu Frankreich für viele Bewohner sehr lukrativ gewesen sei oder manche sogar davon lebten. Schmuggeln bedeutete damals «schwärzen». Schmuggler waren vor allem junge Männer oder «Buben», was den Ausdruck «Schwarzbuben» erklären würde. Eine andere Deutung meint, «Schwarzbuben» sei ein von den Baslern in der Reformationszeit erfundener Übername für die Solothurner, die katholisch blieben, während sich Basel zur Reformation bekannte. Weitere Erklärungen versuchen einen Bezug zu den Kirschen und «schwarz» gebranntem Schnaps herzustellen.

MELTINGEN – GRELLINGEN

ROUTE | Meltingen – Chaltbrunnental – Grellingen

Anreise
Mit dem Zug via Basel oder Delémont nach Laufen. Umsteigen und mit dem Postauto nach «Meltingen, Meltingerbrücke».

Rückreise
Ab Grellingen mit dem Zug in Richtung Basel oder Laufen.

Wanderzeit
2 Std.

Karten
Wanderkarten 1:50 000 213T Basel, 223T Delémont

Einkehren/Übernachten
Restaurants in Meltingen und Grellingen.
«Landbeizli Chaltbrunnental»:
Vom Wegweiser im Chaltbrunnental bei P. 397 m (bei der Strassenbrücke über den Ibach) ca. 15 Min. in Richtung Himmelried. Tel. 061 741 34 40,
www.landbeizli-chaltbrunnental.ch.
Montag geschlossen.

Variante
Um noch etwas vom Dorf Meltingen zu sehen oder in einem Restaurant einzukehren fährt man mit dem Postauto bis «Meltingen, Gemeindezentrum». Zusätzlich ca. 15 Min.

Informationen
Kanton Solothurn Tourismus:
Tel. 032 626 46 56, www.mysolothurn.com.
Schwarzbubenland Tourismus:
Tel. 061 702 17 17, www.schwarzbubenland.com.
Baselland Tourismus:
Tel. 061 927 65 35, www.baselland-tourismus.ch.

PASSWANG – WASSERFALLEN – REIGOLDSWIL

22

Vom Guldental ins Reigoldswilertal

Passwang ist sowohl der Name des Bergkammes, über den diese Wanderung führt, als auch der Name der Passstrasse, welche die beiden solothurnischen Bezirke Thal südlich des Passes (mit dem Hauptort Balsthal) und Thierstein (mit dem Hauptort Breitenbach) verbindet. Der Passwang ist damit auch die markante Grenze zwischen dem solothurnischen Schwarzbubenland nördlich des Passes und dem übrigen Kanton. Ein Pass im klassischen Sinne, also eine Einsattelung zwischen zwei Bergen, ist der Passwang allerdings nicht, denn auf dem höchsten Punkt durchbohrt der Zingelentunnel den scharfen Bergrücken. Die Bezeichnung Passwang hat denn auch nicht die Bedeutung eines Passes. Der Name stammt vom alten Ausdruck «Barschwang» oder, noch älter, «Borschwand». «Schwang» oder «Schwand» bedeuten «Rodung». «Bar» heisst so viel wie «völlig». «Barschwang» würde also «völlige Rodung», «Kahlschlag» bedeuten. Neuere Namensforschungen geben aber dem älteren Ausdruck «Bor» grösseres Gewicht. «Bor» bedeutet etwa «Anhöhe», «Borschwand» somit «Rodung auf einer Anhöhe».

Vom «Alpenblick» aus hat man bereits eine wunderschöne Sicht über die Region des Guldentals.

Ein Blick zurück in die Region des Scheltenpasses am Ende des Guldentals

Schon vor Jahrhunderten existierte ein Saumweg über den Passwang. Die Strasse mit dem Tunnel besteht in der heutigen Form seit den 1930er-Jahren. Mit dem Bau der Autobahnen hat sie ihre verkehrstechnische Bedeutung als Nord-Süd-Achse verloren. Regional und touristisch ist der Passwang aber nach wie vor eine wichtige Verbindung.

Auch als Wandertouristin und -tourist schätzt man die Möglichkeit, mit dem Postauto bereits einige Höhenmeter bequem hinter sich zu bringen und die Wanderung gleich dort zu beginnen, wo nach wenigen Schritten die stillen Jurahöhen beginnen. Auf der Postautofahrt von Balsthal her durch das Guldental oder, wenn man von Norden anreist, vom Laufental her zum Passwang lohnt sich ein Fensterplatz. Die Strecke ist eine landschaftlich wunderschöne Sightseeing-Fahrt und mit zunehmender Höhe wird auch die Weitsicht immer eindrücklicher. Zum Aussteigen bieten sich zwei Haltestellen an. Die eine heisst «Alpenblick». Damit ist die Aussicht bereits treffend beschrieben. Auch das Restaurant an dieser Haarnadelkurve heisst «Alpenblick». Hier kann man den Aufbruch zur Wanderung noch etwas verzögern und beim Kaffee nicht nur zu den fernen Alpen blinzeln sondern auch die schöne Sicht über das zu Füssen liegende Guldental, auf den benachbarten «Sunnenberg» und viele weitere Jurahöhen geniessen. Die weitere Region um das Guldental gehört übrigens zum Naturpark Thal, einem Projekt, das die besondere Natur- und Kulturlandschaft dieser Region erhalten will. Gleich hinter dem Restaurant beginnt der Wanderweg als recht steiler Pfad durch die Waldflanke. Die andere Haltestelle heisst «Passwang» und befindet sich auf der nördlichen Seite des Tunnels. Dort befindet sich kein Restaurant, aber man startet bereits 100 Meter höher als beim «Alpenblick» und auf einem flacheren Weg. Es ist die alte Passstrasse, der man hier ein Stück weit folgt. Nach ein paar hundert Metern treffen sich bereits beide Wanderwege. Man kann sich nun den Wegweisern anvertrauen, die Richtung Passwang zeigen, wobei nun nicht mehr die Strasse gemeint ist, sondern der Gipfel, den wir anstreben.

Vom Guldental ins Reigoldswilertal

Schon bald steht der nächste Gasthof am Wegrand, die «Wirtschaft Passwang» und wenig oberhalb verlangt eine Wegverzweigung eine Entscheidung. Unsere Hauptroute geht geradeaus weiter in Richtung Passwang. Man kann jedoch auch rechts abbiegen in Richtung Wasserfallen. Man verpasst auf dieser Variante zwar den Gipfel, der Weg ist aber auch aussichtsreich, führt teilweise durch Wald und stellenweise an imposanten Felsbändern vorbei. Natürlich kommt man dabei auch wieder an einer Bergwirtschaft vorbei.

In Richtung Passwang geht es zuerst noch ein Stück dem Strässchen entlang, bis man über einen kleinen Pfad bald den Aussichtspunkt auf dem Kamm erreicht. Dies ist noch nicht der höchste Punkt, der befindet sich noch etwas weiter entfernt im Wald, doch es ist der aussichtsreichste Punkt mit einer herrlichen Sicht auf alle Seiten. Vorsicht, auf der Südseite fallen die Felswände senkrecht ab! Je nach Wetterlage muss man sich hier oben warm anziehen, denn Wind und Wetter brausen ungehindert über den freien Kamm. Auf dem Weiterweg steht man auf einmal vor dem unscheinbaren Passwanggipfel auf 1204 Meter über Meer. Würde kein Wegweiser darauf hinweisen, man würde den Gipfel wahrscheinlich verpassen.

Nun senkt sich der Wanderpfad langsam ab zu einem Sattel mit zahlreichen Wegweisern, wo nochmals zwei Möglichkeiten offen stehen. Entweder wandert man dem Kamm entlang weiter in Richtung Wasserfallen, oder man geht zuerst in Richtung «Vogelberg», wiederum eine Bergwirtschaft, und dort nach rechts ebenfalls in Richtung Wasserfallen. Die Hauptroute dem bewaldeten Kamm entlang ist eine etwas abenteuerliche Route auf manchmal recht steinigem Pfad und braucht etwas Trittsicherheit. Gegen Ende des Kamms kann man noch einen Abstecher zur St. Rochuskapelle machen, bevor man zum Berghaus «Hintere Wasserfallen» und zur Gondelbahnstation Wasserfallen mit dem Restaurant «Heidi-Stübli» absteigt. Der andere Weg via Vogelberg ist wenig länger, folgt aber einem flacher abfallenden und breiteren Weg.

Ein drittes Mal muss man sich hier der Qual der Wahl stellen. Hinunter nach Reigoldswil gibt es wieder mehrere Wege: den normalen Wanderweg (unsere Hauptroute), für den man gemäss Wegweiser etwa 50 Minuten benötigt, den einstündigen Jägerweg oder den etwas ausschweifenden Waldlehrpfad. Alle Wege sind auf den Wegweisern verzeichnet. Für geübtere Wandernde ist der weiss-rot-weiss markierte Jägerweg eine besonders lohnende Variante. Über Treppen und Brücken führt er teilweise recht steil durch die Schlucht der Hinteren Frenke, an Felswänden, Wasserfällen und sagenumwobenen Höhlen vorbei. Im Schelmenloch soll in alten Zeiten eine Räuberbande gehaust und im Tal ihr Unwesen getrieben haben. Als weitere Variante kann man sich bei der Bergstation ein Trottinett mieten und damit ins Tal sausen. Schliesslich kann man sich auch einfach in eine Gondel setzen und zu Tal schweben. Von der Talstation muss man nur noch etwa zehn Minuten nach Reigoldswil zum Postauto wandern.

Kurz vor dem Passwang-Gipfel, hier mit dem Blick gegen Norden bis zum Schwarzwald.

Prächtige Sicht vom Passwang gegen Osten, wo in der Ferne die Belchenfluh erkennbar ist.

Bei der Bergstation Wasserfallen kann man einkehren, eine Gondel besteigen, ein Trottinett mieten oder weiterwandern.

Reigoldswil, der letzte Ort im Tal der Hinteren Frenke.

140 **Vom Guldental ins Reigoldswilertal**

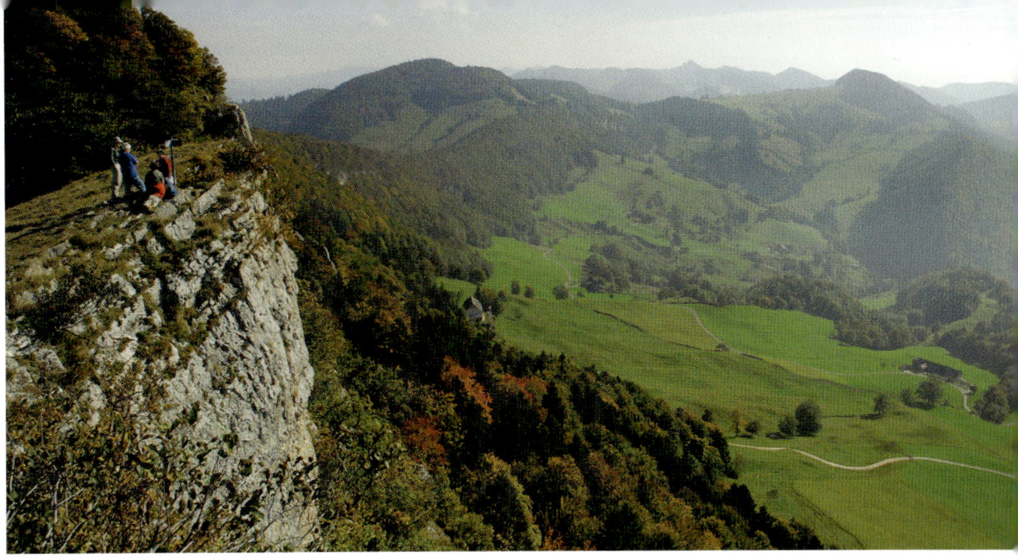

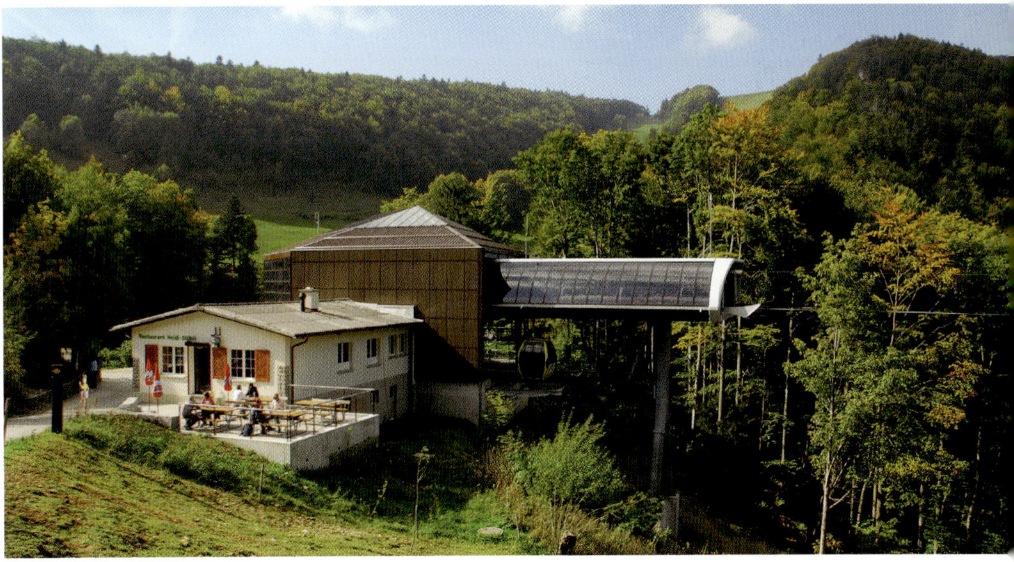

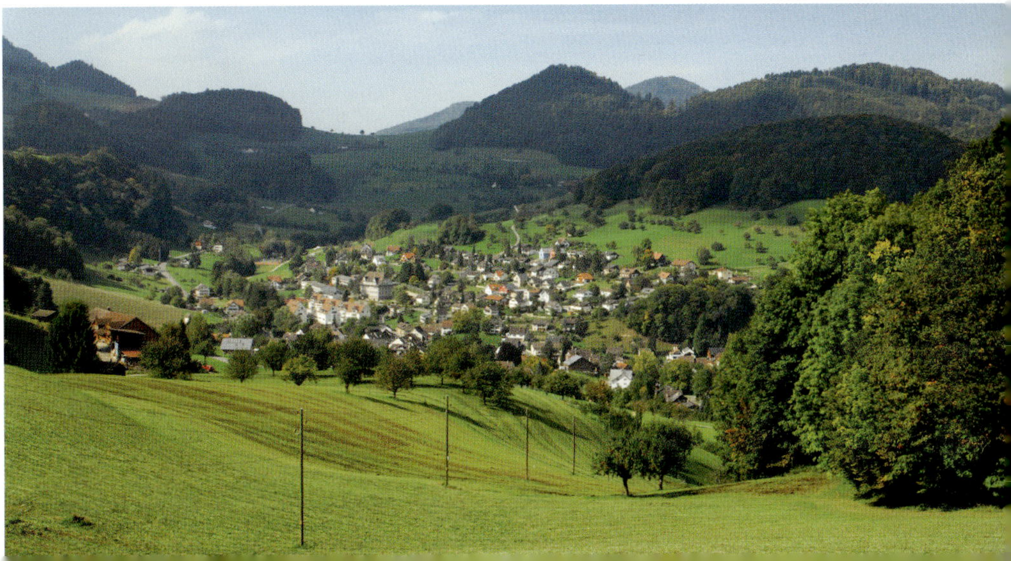

ROUTE | Passwang «Alpenblick» – Passwang Gipfel – Wasserfallen – Reigoldswil

Anreise
Mit dem Zug nach Balsthal. Umsteigen und mit dem Postauto bis «Alpenblick» oder «Passwang».
Vom Laufental her: Mit dem Zug bis Zwingen. Umsteigen auf das Postauto bis «Passwang» oder «Alpenblick» (schlechte Verbindungen).

Rückreise
Mit dem Bus ab «Reigoldswil, Dorfplatz» nach «Liestal, Bahnhof».

Wanderzeit
3 Std.

Karte
Wanderkarte 1:50 000 223T Delémont

Einkehren/Übernachten
Restaurant «Alpenblick»:
Tel. 062 391 33 13, www.alpenblick.ch.
Bergrestaurant «Vogelberg»:
Tel. 061 941 10 84, www.vogelberg.ch.
Berggasthaus «Obere Wechten»:
Tel. 062 391 20 98, www.oberewechten.ch.
Mit Übernachtungsgelegenheit.
Berggasthaus «Hintere Wasserfallen»:
Tel. 061 941 15 43, www.hinterewasserfallen.ch.
Mit Übernachtungsgelegenheit.
Restaurant «Heidi-Stübli»:
Tel. 061 941 18 20. Geöffnet Samstag und Sonntag 10.00 Uhr bis 17.00 Uhr.
Hotels und Restaurants in Reigoldswil.

Varianten
Start bei der Haltestelle «Passwang». Südlich des Passwang-Kamms entlang (beim Wegweiser in Richtung Berggasthaus «Ober Wechten» gehen).
Vom Wegweiser östlich des Passwangs (P. 1165 auf dem Wegweiser, auf der Karte jedoch nicht eingezeichnet) via Vogelberg nach Wasserfallen. Leichter als die Hauptroute.
Von Wasserfallen nach Reigoldswil via «Jägerweg». Schwieriger als die Hauptroute.
Die Varianten unterscheiden sich von der Hauptroute zeitlich nur unbedeutend.

Informationen
Kanton Solothurn Tourismus:
Tel. 032 626 46 56, www.mysolothurn.com.
Balsthal Tourismus:
Tel. 062 391 04 77, www.tourismusbalsthal.ch.
Baselland Tourismus:
Tel. 061 927 65 35, www.baselland-tourismus.ch.
www.fuenflibertal-tourismus.ch,
www.wasserfallenbahn.ch,
www.naturparkthal.ch.

GEMPEN – ARLESHEIM

23

Natur und Kultur zwischen Schwarzbubenland und Baselbiet

Im nördlichen Zipfel des Kantons Solothurn, im sogenannten Schwarzbubenland, liegt das Dorf Gempen auf einer Hochebene mit Feldern, Wald und Kirschbaumplantagen. Diese Hochebene heisst Gempenplateau. Sie wird überragt von ein paar Hügeln und Flühen. Eine davon ist die Schartenfluh, das erste Ziel dieser Wanderung.

Gempens Besiedelungsgeschichte geht bis auf Urzeiten zurück, wie archäologische Funde von Feuersteinwerkzeugen zeigen. Die Römer bauten eine Passstrasse zwischen Augusta Raurica (Kaiseraugst) und etwa dem heutigen Dornach, die bei Gempen vorbeiführte. Der Name «Gempen» stammt aus dieser römischen Zeit und hiess damals lateinisch «campus» oder «campania» für «Feld, Ebene, freie Fläche». Die Ruine Hilsenstein (manchmal auch Hilzenstein geschrieben) südwestlich von Gempen soll einst ein römischer Wachturm gewesen sein.

Obwohl es auf dem Gempenplateau etwas mehr regnet als in der Region Basel, leidet das Plateau unter Wassermangel. Der karstartige Untergrund des Plateaus besteht aus Kalk und Ton und ist voller Löcher, Spalten und ganzer Höhlensysteme, in welche das Regenwasser sofort versickert und in die Täler abfliesst. Das Wasser muss deshalb aus tiefen Brunnen geholt oder von den Tälern hinaufgepumt werden.

In Gempen startet man also bereits in angenehmer Höhe, nämlich auf ca. 670 Meter über Meer. Bis zur Schartenfluh sind es kaum noch 100 Meter Höhendifferenz, trotzdem befindet man sich dort auf einem richtigen Aussichtsgipfel. Der Weg zur Schartenfluh führt von Gempen

Der Gempenturm verspricht eine prächtige Weitsicht über das Baselbiet.

In anderer Richtung schweift der Blick über scheinbar endlose Wälder.

zuerst der Strasse entlang nach Norden zum Dorfrand. Im Wald zweigt nach links eine Strasse zur Schartenfluh ab. Als Wandernde kann man noch ein paar Meter weiter geradeaus gehen, dann zweigt der Wanderweg ebenfalls nach links ab und schlängelt sich durch den Wald bis zur Fluh. Die Schartenfluh ist mit 759 Meter über Meer die höchste Erhebung rund um das Gempenplateau. Gegen Westen und Süden fallen steile Felswände ab, die unter Sportkletterern bekannt sind. Vorsicht, die Wände fallen ohne Geländer senkrecht ab! Die Aussicht über die ganze Region Basel und bei klaren Tagen bis zu den Vogesen und zum Schwarzwald geniesst man also besser in gebührendem Abstand von der Fluhkante. Noch besser: Man besteigt – für einen Franken Eintritt – den 25 Meter hohen Gempenturm, von wo die Weitsicht natürlich am schönsten ist. Manchmal sieht man hinter den bewaldeten Jurahöhen sogar die verschneiten Alpengipfel schimmern. Daneben lädt das Restaurant Gempenturm, von dessen Terrasse man ebenfalls eine sehr schöne Aussicht hat, bereits zur ersten Rast ein.

Für den Weiterweg folgt man den Wegweisern in Richtung Stollenhäuser und Schönmatt. Zwischen dem Weiler Stollen und Schönmatt muss man eine Asphaltstrecke in Kauf nehmen, allerdings ist der Weg über diese weite Lichtung zur Blütezeit der Kirschbäume eine Augenweide. 1200 Hochstamm-Obstbäume, vor allem Kirschen, werden hier gepflegt. Viele sind über 150 Jahre alt, aber regelmässig werden auch junge Bäume gepflanzt. Beim Weiler Stollen lohnt sich ein Blick auf eine Informationstafel. Eine Karte zeigt einen möglichen Rundgang durch die Obstbaumlandschaft. Es lohnt sich, einem dieser kleinen Umwege zu folgen.

Bei Schönmatt verführt der gleichnamige Landgasthof zu einer weiteren Pause, bevor es weiter geht in Richtung Eichmatt und Arlesheim. Im Tal oberhalb Arlesheim führt der Wanderweg durch die Ermitage. Einen Rundgang durch diesen Landschaftsgarten sollte man sich nicht entgehen lassen. Die Ermitage ist der älteste und grösste englische Landschaftsgarten der Schweiz. 1785 wurde die Ermitage eröffnet und war in ihren Anfängen eine Hauptattraktion für Reisende aus ganz Europa. 1793 wurde sie von den Franzosen zerstört. Danach wurde sie noch mehrmals zerstört und wieder aufgebaut.

Die Seen, die unter Naturschutz stehen, laden zu Umrundungen oder zum Verweilen ein. Verschlungene Pfade und Treppen führen durch Felsspalten und Grotten. Und über allem thront das frisch restaurierte Schloss Birseck, das zu bestimmten Zeiten für Besichtigungen ebenfalls offensteht (siehe Infokasten).

Wenige Minuten später erreicht man Arlesheim. Der Dom ist eine der Hauptsehenswürdigkeiten des Dorfes. Er dient heute als Pfarrkirche der katholischen Kirchgemeinde. Mit seiner üppigen Rokoko-Ausstattung und der berühmten Silbermann-Orgel ist der Dom unbedingt einen Besuch wert, am besten natürlich während eines Konzertes.

Das letzte Stück der Wanderung geht durch den charmanten Dorfkern von Arlesheim. In den verkehrsfreien Zonen und gemütlichen Cafés auf einladenden Plätzen vergisst man fast, dass man sich eigentlich in der Basler Agglomeration befindet und fühlt sich irgendwo in die Ferien versetzt. Man kann sich Zeit lassen, ein wenig am «Arleser» Dorfleben teilnehmen und später ins Tram steigen, das zum Basler Hauptbahnhof oder zum Bahnhof Dornach-Arlesheim fährt.

Die Weiher in der Ermitage stehen unter Naturschutz und laden zu beschaulichen Rundgängen oder zum Verweilen ein.

Verschlungene Pfade und Treppen führen durch teils natürliche, teils künstlich ausgebaute Grotten in der Ermitage.

Auf dem Domplatz von Arlesheim. Der Besuch des Doms wäre am schönsten während eines Konzerts.

Natur und Kultur zwischen Schwarzbubenland und Baselbiet

Der alte Dorfkern von Arlesheim mit dem markanten Dom

Die Ruinen von Schloss Dorneck auf der «Variante».
Zur Zeit der Aufnahme fand in den Ruinen eine Skulpturenausstellung statt.

GEMPEN – ARLESHEIM

ROUTE | Gempen – Schartenfluh (Gempenturm) – Stollen – Schönmatt – Eichmatt – Ermitage – Arlesheim

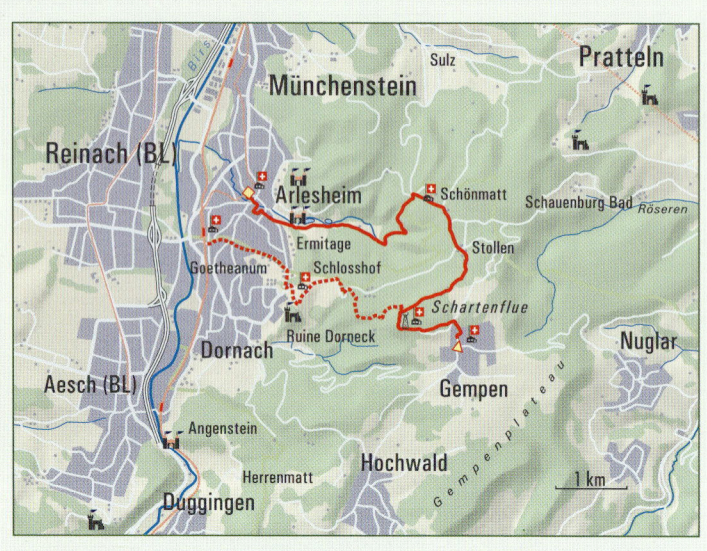

Anreise
Mit dem Zug (oder von Basel mit dem Tram Nr. 10) bis Dornach-Arlesheim. Umsteigen und mit dem Postauto bis «Gempen, Post».

Rückreise
Von Arlesheim mit dem Tram Nr. 10 bis Basel oder bis Dornach-Arlesheim (von hier mit dem Zug in Richtung Basel oder Laufen).

Wanderzeit
2 Std.
Genug Zeit für Rundgänge durch die Kirschbaumplantagen und die Ermitage einplanen.

Karte
Wanderkarte 1:50 000 213T Basel

Einkehren/Übernachten
«Café-Stübli» in Gempen:
Tel. 061 701 59 32, www.cafestuebli.ch.
Restaurant «Krone» in Gempen:
Tel. 061 701 53 77. Samstag geschlossen.
Restaurant «Gempenturm»:
Tel. 061 701 51 50, www.gempenturm.ch.
Restaurant «Schönmatt»:
Tel. 061 701 53 88. Montag und Dienstag geschlossen. Hotels und Restaurants in Dornach und Arlesheim.

Variante
Von der Schartenfluh via Schloss Dorneck nach Dornach. Die Ruinen des Schlosses können in der Sommersaison frei besichtigt werden. Oberhalb des Schlosses steht das Restaurant «Schlosshof» (Tel. 061 702 01 50, www.schlosshof-dornach.ch). In Dornach führt der Weg am Goetheanum vorbei, dem «Weltzentrum der Anthroposophie». Es kann frei oder mit einer Führung besichtigt werden (Tel. 061 706 42 42, www.goetheanum.org). Gempen – Dornach 1 Std. 30 Min.

Informationen
Schwarzbubenland Tourismus:
Tel. 061 702 17 17, www.schwarzbubenland.com.
Kanton Solothurn Tourismus:
Tel. 032 626 46 56, www.mysolothurn.com.
Baselland Tourismus,
Tel. 061 927 65 35, www.baselland-tourismus.ch.
Schloss Birseck:
Geöffnet von Mitte Mai bis Ende September, Mittwoch und Sonntag von 14.00 bis 17.00 Uhr.
Tel. 061 701 20 10 (Stiftung Ermitage Arlesheim und Schloss Birseck).

TITTERTEN – BUBENDORF

24

Durchs Hügelland zwischen den beiden Frenken

Die Gemeinde Titterten liegt idyllisch auf der Höhe einer Einsattelung, eingebettet in eine sanfte Hügellandschaft zwischen den beiden Frenkentälern. Das sind im Westen das Reigoldswilertal, durch welches die Hintere Frenke fliesst, und im Osten das Waldenburgertal mit der Vorderen Frenke. In Bubendorf, dem Ziel dieser Wanderung, vereinigen sich die beiden Frenken und münden wenig später bei Liestal in die Ergolz.

In Titterten gibt es leider kein Restaurant mehr, aber immerhin einen Dorfladen, bei dem man sein Picknick ergänzen kann. Wem es aber nichts ausmacht, vor dem Kaffee zwanzig Minuten zu wandern, der hat noch eine Einkehrmöglichkeit in «Anni's Kafistübli» beim Hof Ober Serzach.

Titterten ist trotz einiger Gewerbe- und Dienstleistungsbetriebe nach wie vor ein Bauerndorf. Im letzten Jahrhundert war die Weberei von grosser Bedeutung. Um 1908 klapperten in Titterten noch 92 Webstühle, 1974 verstummte der letzte.

Mit 668 Meter über Meer ist Tittern die zweithöchste Gemeinde des Kantons Baselland, nach Langenbruck mit 703 Meter über Meer. Wie manches hoch gelegene Juradorf hatte Titterten lange Zeit Probleme mit der Wasserversorgung. Die geologische Struktur des Untergrundes ist ungünstig. Es fehlen wasserführende Bodenschichten, und Regenwasser versickert rasch. Während Jahrhunderten wurde versucht, aus

Titterten, eine der höchstgelegenen Gemeinden im Baselbiet

tiefen Sodbrunnen Wasser zu schöpfen. Einer dieser Brunnen besteht noch beim Dorfplatz. Erst im letzten Jahrhundert konnte eine Wasserleitung gebaut werden, die seither aus der Region Wasserfallen, beim Passwang südlich von Titterten, genügend Wasser in das Dorf liefert.

Auf der Wanderung von diesem hoch gelegenen Dorf aus sind somit keine grossen Steigungen zu erwarten. Fast horizontal wandert man zu Beginn dem Waldrand des Rankbergs, Tittertens Hausberg, entlang nach Ober Serzach, wo besagtes «Kafistübli» Gäste erwartet. Der Blick schweift über eine beschauliche Landschaft aus Weiden, Obsthainen und bewaldeten Hügeln. Diese Eindrücke begleiten uns fast auf der ganzen Wanderung. Besonders schön ist die Aussicht vom Gugger, einem Aussichtspunkt etwa eine Viertelstunde nach Ober Serzach. Der Gugger ist eine Grathöhe mit Sicht auf beide Talseiten sowie zu den südlicheren, höheren Jurabergen.

Über Gling und Schlif geht die Wanderung weiter zum Arxhof. Der Arxhof ist ein grosses landwirtschaftliches Anwesen und eine sozialtherapeutische Institution, wo straffällig gewordene junge Männer eingewiesen werden. Die Bewohner machen eine Ausbildung und werden sozialpädagogisch und psychotherapeutisch unterstützt. Mit der Zeit übernehmen sie mehr und mehr Verantwortung und lernen, den Alltag eigenständig zu bewältigen.

Hinter dem Arxhof ist bereits das nächste Etappenziel in Sichtweite: das stolze Schloss Wildenstein. Es steht jedoch auf der anderen Seite des tief eingeschnittenen Tales des Fluebachs. Der Wanderweg schlängelt sich durch die Waldflanken und erreicht ohne viel Höhenverlust das Schlossareal. Interessant ist, dass die Burg nicht auf der höchsten Kuppe des Siglisbergs erbaut wurde, sondern auf einem Felssporn an der Flanke des Berges. Das Schloss Wildenstein wurde im 13. Jahrhundert von den Eptingern erbaut. Ursprünglich nur ein Wohnturm, entstanden im Laufe der Jahrhunderte zahlreiche Nebengebäude. Noch im 19. und 20. Jahrhundert kamen neue Türme dazu, sodass der ganze Komplex heute den Eindruck eines romantischen Bilderbuchschlosses vermittelt. Wildenstein ist die noch einzige erhaltene Höhenburg im Baselbiet. Eine Höhenburg ist eine auf einer natürlichen Anhöhe errichtete Burg, im Gegensatz zu einer Niederungsburg oder Flachlandburg. Wie stark der einstige Adelssitz beim grossen Basler Erdbeben von 1356 beschädigt wurde, ist nicht bekannt. Damals wurden zahlreiche Burgen in der Region stark beschädigt oder sogar zerstört und nicht wieder aufgebaut. Schloss Wildenstein kann zu gewissen Zeiten besichtigt werden, und an jedem ersten Wochenende im Monat ist während der Wandersaison (April bis November) das «Schloss-Beizli» geöffnet. Die Wanderung vom Schloss weiter bis Bubendorf sollte man via Murenberg unternehmen. Auf dieser Route sieht man am meisten von den beeindruckenden Eichen, für welche Wildenstein berühmt ist. Auch der idyllische Schlossweiher liegt an diesem Weg. Nach der Höhe des Murenbergs führt der Wanderweg nun teilweise dem Strässchen entlang hinunter nach Bubendorf.

Eine idyllische Kulturlandschaft umgibt Titterten.

Beim Gugger wechseln sich Wald und Weiden ab.

TITTERTEN – BUBENDORF   151

DIE EICHEN VON WILDENSTEIN

Der weitläufige, parkartige Umschwung des Schlosses ist heute ein Naturschutzgebiet von nationaler Bedeutung. Eine Besonderheit sind die Eichenhaine mit bis zu 500 Jahre alten, knorrigen Baumriesen. Vom Mittelalter bis in die Neuzeit wurde der Eichenwald als sogenannter Witwald, das bedeutet Weidewald, genutzt. Im Herbst dienten die Eicheln auch als Futter für die Schweinemast. Eine einzelne Eiche dient über 1000 Tier- und Pflanzenarten als Lebensraum. Seltene Käfer leben im Holz der Eichen. Diese wiederum sind Futter für zahlreiche Vögel, darunter etwa sechs Spechtarten. Auf den Eichen wurden über 140 verschiedene Flechten entdeckt. Dank der ökologischen Landwirtschaft werden die Magerwiesen um die Eichen nicht gedüngt und erst spät gemäht, sodass auch rund um die Eichen eine vielfältige Pflanzenwelt gedeiht und gefährdete Arten wie beispielsweise das Kleine Knabenkraut, eine heimische Orchidee, überleben können. Zum Schutz dieser aussergewöhnlichen Pflanzenwelt ist es von Frühling bis Oktober auch nicht erlaubt, die Wege zu verlassen. Gruppen oder Schulklassen können sich einer naturkundlichen Führung anschliessen (Tel. 061 717 88 88, www.naturschutzdienst-bl.ch).

Tiefblick vom Gugger ins
Waldenburgertal

Am Schlossweiher von
Wildenstein

Vom Arxhof aus ist Schloss
Wildenstein bereits sichtbar.

ROUTE | Titterten – Arxhof – Wildenstein – Murenberg – Bubendorf

Anreise
Mit dem Zug nach Liestal. Umsteigen und mit dem Bus bis «Titterten, Gemeindehaus».

Rückreise
Von «Bubendorf, Zentrum» mit dem Bus bis «Liestal, Bahnhof».

Wanderzeit
2 Std. 30 Min.

Karten
Wanderkarten 1:50 000 214T Liestal, 224T Olten

Einkehren/Übernachten
Hotels und Restaurants in Liestal, Restaurants in Bubendorf.
«Anni's Kafistübli» bei Ober Serzach, 20 Min. zu Fuss ab Titterten. Donnerstag und Freitag Ruhetag.
«Schloss-Beizli», Wildenstein:
Tel. 061 931 28 54, www.schlossbeizli-wildenstein.ch. Geöffnet jedes erste Wochenende im Monat von April bis November (Samstagnachmittag, Sonntag ganzer Tag).

Variante
Kurze Rundwanderung: Aufstieg von Bubendorf via Chäppelen nach Wildenstein, Abstieg auf der Hauptroute via Murenberg, 1 Std. 40 Min.

Informationen
Freunde von Schloss Wildenstein:
www.fr-schloss-wildenstein.ch.
Führungen durch das Schloss und Vermietung von Räumen: Amt für Liegenschaftsverkehr, Tel. 061 925 64 50. Schlossbesichtigungen zwischen Pfingsten und dem Buss- und Bettag jeweils am Sonntag von 12 bis 18 Uhr.
Naturkundliche Führungen Wildenstein:
Naturschutzdienst Baselland, Tel. 061 717 88 88, www.naturschutzdienst-bl.ch.
Baselland Tourismus:
Tel. 061 927 65 35, www.baselland-tourismus.ch.

ALLERHEILIGENBERG – BELCHENFLUH – WALDENBURG

Eine geschichtsträchtige Überschreitung

Der Ausgangspunkt Allerheiligenberg liegt bereits auf 880 Meter über Meer. Im Sommer ist die Luft hier bereits etwas frischer, und im Herbst steht man vielleicht über dem Nebelmeer. Bei klarem Wetter ist die Sicht bis zu den Alpen so prächtig, dass man sich von diesem Panorama fast nicht losreissen kann. Man kann den Start der Wanderung natürlich in der nahen Bergwirtschaft etwas hinauszögern, andererseits wird man auf dieser Wanderung noch mehrmals mit wunderbaren Weitblicken verwöhnt.

Der erste Aufstieg durch den Wald ist eine gute Aufwärmstrecke von etwa 100 Höhenmetern. Über die Wüesthöchi und Gwidenhöchi geht es der Belchenfluh entgegen. Auf dieser Strecke hat man immer wieder schöne Blicke gegen Westen ins Baselbiet. Bis zur Belchenfluh bewegt man sich jedoch noch im Kanton Solothurn.

Eine Militärstrasse wurde während des Ersten Weltkrieges in die Flanke der Belchenflue gehauen. Erinnerungstafeln und Wappen der Einheiten mahnen an die Grenzbesetzungszeit des Ersten Weltkrieges, während der auch der Belchen befestigt war. Kurz vor der Belchenfluh trifft man auf dieses Strässchen, und nach wenigen 100 Metern geht es steil über Treppen und an Geländern hoch auf die exponierte Belchenfluh. Eine herrliche Rundsicht entschädigt für die Schweisstropfen. Über das Mittelland fliegt der Blick, weit über Wälder und Hügel bis zu den hohen Alpengipfeln, vom Säntis bis zum Mont Blanc. Gegen Norden

Der Felskopf der Belchenfluh bietet einen prächtigen Rundblick.

Blick von der Belchenfluh gegen Osten zum Ifleterberg.

lassen sich die Vogesen und der Schwarzwald ausmachen. Auch bei schönstem Wetter wird jedoch eine Wolke spezieller Art zu sehen sein: die Dampfsäule über dem Kühlturm des Atomkraftwerks Gösgen.

Auch ohne geschultes Geologen-Auge lohnt es sich, die Gestalt der Juraberge etwas genauer zu betrachten. Denn in dieser Region befindet man sich in der Übergangszone vom Falten- zum Tafeljura. Die runden und sogar spitzen Formen der Berge im Westen werden allmählich von schollen- oder pultförmigen Bergen gegen Osten hin abgelöst.

Der Abstieg von der Belchenfluh führt in den Kanton Baselland und zuerst zu besagtem Chilchzimmersattel, dann weiter über den langen, aussichtsreichen Grat namens Rehhag. Hier begegnet man immer wieder militärischen Einrichtungen, Überresten von Bunkern und Schützengräben. Auf ein paar steinigen und steileren Passagen ist etwas Vorsicht geboten.

Die Ruine Waldenburg mit dem imposanten Bergfried

Kurz vor Waldenburg gelangt man zur gleichnamigen Ruine. Schon wieder ein kriegerisches Bauwerk. Doch dem Mittelalter gegenüber ist man oft toleranter. Unsere Sicht aus der weiten zeitlichen Distanz ist verklärt. Mittelalterliche Ruinen bringen wir lieber mit romantischem, edlem Rittertum in Verbindung als mit düsterem Kriegswesen. Doch wer unterliegt nicht dem Reiz dieser Ruinen und besichtigt fasziniert die Überreste der mächtigen Mauern. Für die Besteigung des imposanten Bergfrieds sollte man sich unbedingt Zeit nehmen. Eine verschlungene Holztreppe führt steil hinauf auf einen Zwischenboden. Von dort gelangt man über enge Steinstufen, zwischen zwei Mauern eingepfercht, auf den höchsten Punkt. Die Aussicht über die Zinnen ins Baselbiet und der Tiefblick nach Waldenburg sind überaus lohnend. Bald darauf schlendert man bereits durch das sehenswerte Städtchen.

Das obere Tor mit der Sonnenuhr in Waldenburg

Die Römerstrasse beim Oberen Hauenstein

Vom Bergfried der Ruine Waldenburg blickt man über das Baselbiet und hinunter zum gleichnamigen Städtchen.

WALDENBURG BL

Bereits die Römer waren hier schon durchgezogen, wie archäologische Funde beweisen. Bekannt ist vor allem die Römerstrasse am Oberen Hauenstein bei der Nachbargemeinde Langenbruck. Die gut erhaltene Römerstrasse besucht man am besten auf der Variante zu dieser Wanderung. Gegründet wurde das Städtchen Waldenburg im 13. Jahrhundert von den Froburgern. Die Froburger waren ein machtvolles Geschlecht der Region während des 12. und 13. Jahrhunderts. Einige Bischöfe stammten aus ihrem Haus, und sie gründeten noch mehrere andere Städte wie Liestal, Zofingen und Olten. Die Froburger erkannten die verkehrspolitische Bedeutung der Aareübergänge und der Pässe des Unteren und Oberen Hauensteins und versuchten daher diese Region zu beherrschen. In Waldenburg besteht aus dieser Zeit noch das obere Tor mit der Sonnenuhr und der noch gut erhaltene mittelalterliche Stadtkern. Ab dem 16. Jahrhundert nutzte Waldenburg die Wasserkraft für ein Hammerwerk und eine Eisenschmiede, später für eine Papiermühle. Im 19. Jahrhundert erblühte in Waldenburg auch die Uhrenindustrie. 1880 wurde die Waldenburger Bahn eröffnet und 1953 elektrifiziert. Von Juni bis September ist an einigen Tagen die Dampflokomotive der Waldenburger Bahn aus dem Jahre 1912 in Betrieb. Auskunft unter Tel. 061 965 94 94.

ROUTE | Allerheiligenberg – Belchenfluh – Rehhag – Ruine Waldenburg – Waldenburg

Anreise
Zug via Solothurn oder Olten nach Hägendorf, dann mit Bus bis «Allerheiligenberg, Höhenklinik». Je nach Tageszeit und Wochentag schon ab Olten mit dem Bus.

Rückreise
Ab Waldenburg mit dem Zug nach Liestal oder mit dem Postauto via Langenbruck zum «Bahnhof Balsthal».

Wanderzeit
Allerheiligenberg – Belchenfluh 1 Std.
Belchenfluh – Waldenburg 2 Std.

Karte
Wanderkarte 1:50 000 224T Olten

Einkehren/Übernachten
«Bergwirtschaft Allerheiligenberg» mit Übernachtungsmöglichkeit (wenige Zimmer):
Tel. 062 216 11 42,
http://baergwirtschaft-ahb.ch.
Montag bis Mittwoch geschlossen.
Hotels und Restaurants in Waldenburg.

Variante
Abstieg von der Belchenfluh nach Langenbruck, 1 Std. Unterwegs liegt die Bergwirtschaft «Dürstel»: Tel. 062 390 11 15 (Montag und Dienstag geschlossen). Von Langenbruck Abstecher zur Römerstrasse am Oberen Hauenstein. Hin und zurück zusammen zusätzlich ca. 30 Min. Hotels und Restaurants in Langenbruck. Von Langenbruck mit dem Postauto nach Balsthal oder Waldenburg.

Informationen
Tourismusbüro Region Olten:
Tel. 062 212 30 88, www.oltentourismus.ch.
Baselland Tourismus:
Tel. 061 927 65 35, www.baselland-tourismus.ch.

Hinweis
Wer nicht so gerne mit vielen Leuten unterwegs ist, sollte vielleicht einen Wochentag für diese Wanderung wählen. Auf den Chilchzimmersattel hinter der Belchenfluh kann man nämlich mit dem Auto hinauffahren, weshalb sich an schönen Wochenenden ziemlich viele Leute auf dem Belchen tummeln können.

SISSACHER FLUH – LIESTAL

26

Höhenweg zur Hauptstadt des Baselbiets

Während der Busfahrt vom Bahnhof Sissach zur Wintersingerhöhe (Haltestelle «Sissacherfluh») fährt man durch sonnige Südhänge, an denen nicht nur Obstbäume gedeihen, sondern auch Weinreben gezogen werden können. Immer wieder erhascht man auch einen Blick nach oben auf die eindrückliche Sissacher Fluh, die als markanter Felskopf über den dichten Mischwald aufragt und auf ihrer Höhe selbst auch wieder bewaldet ist.

Der Bus fährt nicht zur Fluh hinauf, obwohl die Haltestelle «Sissacherfluh» heisst. Die Haltestelle befindet sich auf einem Pass, der Wintersingerhöhe genannt wird. Auf der Karte hat der Pass keinen Namen, aber auf den Wegweisern ist er verzeichnet.

Hinter dem Pass bedient der Bus die Dörfer Nusshof und Wintersingen. Klingende Dorfnamen, die auch zu einem Besuch oder zu einer Wanderung einladen. Unsere Wanderung geht aber in die Höhe. Von der Bushaltestelle führt ein Strässchen bis auf die Fluh. Der steile Aufstieg lohnt sich sehr und man kann dort oben ziemlich viel Zeit verbringen. Da ist einmal das Restaurant, das schon zu Beginn der Wanderung zum Gipfeltrunk einlädt, da ist aber auch die prächtige Aussicht vom Rand der Felsen, die man dank Geländern unbeschwert geniessen kann. Die Panoramatafeln helfen, sich in den Bergen am Horizont zurechtzufinden. Bei guter Sicht sind gegen Süden die Innerschweizer und Berner Alpen zu entdecken. Interessant ist aber auch das Panorama im Westen, wo man zum Schwarzwald und den Vogesen sieht und Berge wie den Grand Ballon oder den Ballon d'Alsace erkennen kann. Der Blick in die Nähe zeigt einerseits die einladenden Berge des Basler Juras, andererseits auch das von Sissach und den Nachbarorten ziemlich überbaute Tal der Ergolz. Die Ergolz ist der Hauptfluss des Baselbiets. Sie entspringt unter der Geissfluh im Grenzgebiet zum Kanton Solothurn und mündet bei Augst in den Rhein. Der Römerstadt Augusta Raurica diente die Ergolz als Trinkwasserversorgung. Einige Überreste von Aquädukten sind in der Region noch erhalten. Ebenfalls bereits zur Römerzeit war das Ergolztal mit seinen Seitentälern und Pässen, wie zum Beispiel dem Hauenstein, eine wichtige Verkehrsverbindung gegen Süden. Ab dem späten Mittelalter wurde die Wasserkraft der Ergolz in Mühlen und Sägereien genutzt, später entstanden am Fluss auch Eisenwerke, Spinnereien und Papiermühlen. Mit der Nutzung nahm auch die Wasserverschmutzung zu, die man seit dem vergangenen Jahrhundert mit Kläranlagen wieder im Griff hat.

Hat man Aussicht und Restaurant ausgiebig genossen, steigt man wieder zur Wintersingerhöhe ab. Nun folgt man den Wegweisern in Rich-

Sicht von der Sissacher Fluh über bewaldete Jurahöhen

Stechpalmen und Ahorn säumen auf weiten Strecken die Waldwege.

tung Liestal. Man kommt dabei an den Zwischenzielen Grimstelucke, Schwand, Forenacher und Stächpalmenhegli vorbei. Der Weg führt in leichtem Auf und Ab vorwiegend durch sehr schönen Laubmischwald. Oft hört man das Rauschen des Windes im Blätterdach, einmal vielleicht aber auch das Rauschen der nahen Autobahn, welche unseren Wanderweg durch den Arisdorf-Tunnel unterquert. Auch einige besonders wärmeliebende Gehölze wachsen in diesem Wald, wie schon der Name «Stächpalmenhegli» verrät. Zuweilen wandert man wirklich fast in einer Allee von Stechpalmen. Auch Buchs, den man in diesen Wäldern oft sieht, mag ein mildes Kima. Den immergrünen Buchs kennt man vor allem als Zierstrauch in Gärten und Parkanlagen, wo er gerne für Hecken verwendet und manchmal zu fantasievollen Formen geschnitten wird. Der Name «Stächpalmenhegli» ist übrigens nicht in allen Karten verzeichnet. Der Name bezeichnet den Strassenpass zwischen Liestal und Arisdorf. Hier gibt es auch eine Bushaltestelle («Abzweigung Hersberg»). Wer schon genug gewandert ist, könnte hier also bereits nach Liestal hinunterfahren. Für eine Kurzwanderung kann man auch hier starten, denn auf dem Weiterweg folgt noch ein attraktiver Höhepunkt, der Aussichtsturm auf dem Schleifenberg. Der 30 Meter hohe und schon über 100 Jahre alte Turm überragt die ihn umgebenden Baumwipfel um einiges und bietet so eine ungehinderte 360-Grad-Rundsicht sowie einen eindrücklichen Tiefblick nach Liestal. Schwarzwald und Vogesen sind seit der Sissacher Fluh bereits ein paar Kilometer näher gerückt. Bei Riehen an der Grenze zu Deutschland ist der mächtige St.-Chrischona-Turm erkennbar. Ein wenig getrübt wird die Aussicht durch ein paar rauchende Kamine der Basler Industrie. Im Tal ist der alte Stadtkern von Liestal gut von den neueren, umliegenden Quartieren zu unterscheiden. Für die Turmbesteigung muss man übrigens 50 Rappen Eintrittsgeld investieren. Etwas mehr kostet ein Imbiss in der Wirtschaft am Fuss des Turms, die an Sonn- und Feiertagen geöffnet ist. Daneben stehen mehrere Picknickplätze und Feuerstellen zur freien Verfügung.

Der Abstieg nach Liestal folgt dem Kamm des Schleifenbergs entlang gegen Westen. Bei der Roten Fluh öffnet sich nochmals der Tiefblick nach Liestal. Wenig unterhalb der Roten Fluh könnte man nach links auf einen steilen Wanderweg abzweigen, der durch die Schleifenbergflanke nach Liestal führt. Ein bisschen länger, aber angenehmer zu gehen, ist der Weg weiter entlang des Kamms, später in einer scharfen Kurve um die Gratecke und durch die Waldflanke mit erstaunlich grossem Buchsbestand langsam abwärts nach Liestal. Die Wegweiser leiten direkt zum Bahnhof. Einen Bummel durch die Altstadt sollte man sich vor der Abreise jedoch nicht entgehen lassen.

Tiefblick vom Schleifenberg nach Liestal, wo sich die Altstadt inmitten der Neubauten erkennen lässt.

Eindrückliches Wurzelgeflecht einer Buche beim Abtieg nach Liestal

Weite Sicht vom Aussichtsturm über die Baumwipfel zum Schwarzwald

Höhenweg zur Hauptstadt des Baselbiets

Die Hauptgasse von Liestals Altstadt mit dem roten Rathaus rechts und dem «Oberen Tor» im Hintergrund

LIESTAL

Liestal ist Hauptort des gleichnamigen Bezirks und des Kantons Basel-Landschaft. Die Besiedelungsgeschichte geht bis auf mehrere tausend Jahre vor unserer Zeitrechnung zurück. Die befestigte Stadt wurde im 13. Jahrhundert von den Froburgern, damals einem machtvollen Geschlecht der Region, gegründet (vgl. auch Waldenburg, Seite 159). Als Wahrzeichen von Liestal gilt das Obere Tor, meistens liebevoll «Törli» genannt. Es wurde im 13. Jahrhundert zusammen mit der Ringmauer erbaut und im 16. Jahrhundert erweitert. Die heutige Turmfassade wurde 1950 vom Liestaler Künstler Otto Plattner gestaltet.

Das rote Rathaus von 1568 mit seiner reichen Fassadenmalerei ist sicher das auffälligste Gebäude innerhalb der Altstadt. Sehenswert ist auch die reformierte Stadtkirche und das alte Korn- und Zeughaus (um 1530), in welchem heute das Kantonsmuseum untergebracht ist. Dieses präsentiert neben wechselnden Sonderausstellungen Wissenswertes zur Natur und Geschichte der Region wie etwa zur Seidenbandweberei.

Nicht von ungefähr beherbergt Liestal auch ein Dichter- und Stadtmuseum. Liestal scheint für Literaten ein fruchtbarer Boden zu sein. Hier wurden beispielsweise der Nobelpreisträger Carl Spitteler (1845 – 1924) oder der zeitgenössische Schriftsteller E. Y. Meyer geboren. Hugo Marti (1893 – 1937) lebte einige Zeit in Liestal und Joseph Victor Widmann (1842 – 1911), der bekannte Redaktor und Kritiker der Berner Zeitung «Der Bund», verbrachte hier seine Jugendzeit.

ROUTE Wintersingerhöhe – Sissacher Fluh – Wintersingerhöhe – Grimstelucke – Stächpalmenhegli – Schleifenberg (Aussichtsturm) – Liestal

Anreise
Mit dem Zug bis Sissach. Umsteigen und mit dem Bus bis «Sissacherfluh» (Linie 106 in Richtung Wintersingen).

Rückreise
Ab Liestal mit dem Zug in Richtung Basel oder Olten.

Wanderzeit
3 Std.

Karte
Wanderkarte 1:50 000 214T Liestal

Einkehren/Übernachten
Hotels und Restaurants in Sissach und Liestal. Bergwirtschaft «Sissacherfluh»:
Tel. 061 971 13 71, www.sissacherfluh.ch. Montag Ruhetag.

Schleifenberg-Aussichtsturm, Bergwirtschaft des VVL (Verkehrs- und Verschönerungsvereins Liestal): Tel. 061 921 13 38, geöffnet an Sonn- und Feiertagen.

Varianten
Ohne Abstecher auf die Sissacher Fluh spart man etwa 30 Min. Wanderzeit.
Wanderung bei «Stächpalmenhegli» (Haltestelle «Abzweigung Hersberg», Bus von Liestal) beenden oder beginnen. Die Wanderstrecke über den Schleifenberg nach Liestal entspricht ca. 1 Std. 15 Min.

Informationen
Baselland Tourismus:
Tel. 061 927 65 35, www.baselland-tourismus.ch.
Tourismus-Information Liestal:
Tel. 061 921 01 25, www.liestal.ch.
www.sissach.ch

FRICK – RUINE TIERSTEIN – WITTNAU

27

Durchs Kirschen- und Saurierland

In der Tongrube «Gruhalden» bei Frick wurden sensationelle Dinosaurierskelette und andere Fossilien gefunden. Ein vollständiges Skelett eines gegen sieben Meter langen Plateosaurus kann im Sauriermuseum bestaunt werden. Der Plateosaurus gehörte zu den ersten grossen Dinosauriern der Erdgeschichte und lebte vor über 200 Millionen Jahren. Die Plateosaurier waren Pflanzenfresser. Bei Frick wurden jedoch auch Skelette von Raubsauriern entdeckt. Die Paläontologen sprachen von «Weltsensationen» und «besten Funden der Schweiz». Wer die Wanderung mit einem Museumsbesuch verbinden möchte, muss jedoch gut planen: Das Museum ist nur an zwei Sonntagnachmittagen pro Monat geöffnet.

Die Wanderung führt vom Bahnhof Frick zuerst der Strasse entlang und unter der Eisenbahnlinie hindurch nach Gipf-Oberfrick. Bei der ersten Verzweigung mit zahlreichen Wegweiserschildern biegt man rechts ab. In diese Richtung gehen auch der «Fricktaler Höhenweg», der «Fricktaler Chriesiweg» oder der «Aargauer Weg». Die vielen Möglichkeiten zeigen deutlich die attraktiven Wandermöglichkeiten der Region. Für unsere Wanderung kann man dem Wegweiser «Ruine Tierstein» folgen. Durch ein Wohnquartier wandert man zur «Egg». Über diese Geländerippe steigt der Weg ziemlich gerade aufwärts. Auf diesem Rücken erkennt man bald, wofür Frick – ausser für Dinosaurier – auch noch berühmt ist: Kirschbäume, so weit das Auge reicht. Im Frühling wandert

Prachtvolle Herbstfarben der Kirschbäume um Frick

Der Tiersteinberg, an dessen Flanke die Ruine versteckt liegt.

man hier durch ein weisses Blütenmeer und im Herbst verzaubern die Rot- und Orangetöne der verfärbten Blätter die Landschaft. Doch die Wanderung hat zu jeder Jahreszeit ihren Reiz, sogar in schneearmen Wintern kann sie problemlos unternommen werden.

Mit zunehmender Höhe wird die Weitsicht immer besser. Nach Loggis öffnet sich sogar der Blick auf die andere Talseite nach Schupfart und weiter ins Rheintal und über die Landesgrenze nach Baden-Württemberg. Nach Ambleije führt der Weg durch den Wald zur Ruine Tierstein, einer ehemaligen Burg der Grafen von Tierstein-Homberg. Die Burg wurde im 11. Jahrhundert erbaut und heisst genau genommen Alt-Tierstein, denn die Grafenfamilie baute bereits im 12. Jahrhundert bei Büsserach eine neue Burg, die Neu-Tierstein genannt wird. Alt-Tierstein wurde bis ins 15. Jahrhundert bewohnt. Die Burg war ein komplizierter, verschachtelter Bau. Die Grundmauern, die heute noch zu sehen sind und sich über mehrere Terrassen erstrecken, beweisen das eindrücklich. Als die Ruine in den 1930er-Jahren freigelegt und archäologisch untersucht wurde, stiess man auch auf Fundstücke aus der Bronzezeit. Der Felskopf, auf dem das Gemäuer steht, war also schon um etwa 1000 v. Chr. von Bedeutung. Ein Gang durch die Ruine ist mit der nötigen Vorsicht auf jeden Fall lohnenswert. Auf dem höchsten Punkt hat man zudem eine schöne Sicht in die Berge des Aargauer Juras und auf dem Platz vor der Ruine ist ein Picknick- und Grillplatz eingerichtet.

Hier verlässt man den Fricktaler Höhenweg und folgt dem Wegweiser in Richtung Ruine Homberg. Der Waldweg steigt noch einmal an bis zum Homberg, dann geht es nur noch abwärts. Die Abzweigung zur Ruine Homberg ist markiert, der kleine Pfad dorthin ist jedoch recht steil und weist hohe Tritte auf. Von der Ruine ist kaum mehr etwas zu sehen, aber die Sicht hinunter nach Wittnau, dem Ziel der Wanderung, lohnt den kurzen Abstecher.

Auf dem weiteren Abstieg gelangt man bald an den Waldrand. Durch einen kleinen Rebberg, Weiden und wiederum ausgedehnte Obstplantagen wandert man nach Wittnau. Von hier fährt zweimal pro Stunde ein Postauto in Richtung Frick oder Aarau.

Wer Lust auf eine Wanderung hat, die wenig länger als drei Stunden dauert, dem bietet sich eine sehr interessante Variante an: Von der Ruine Tierstein steigt man weiter auf zum Tiersteinberg. Man durchquert hierbei ein Waldreservat. Das bedeutet, dass während 50 Jahren, gerechnet ab dem Jahr 2001, der Wald ganz der Natur überlassen und jegliche Waldbewirtschaftung unterlassen wird. Vom bewaldeten Kamm hat man immer wieder reizvolle Aussichten in Richtung Rheintal. Nach dem Tiersteinberg gelangt man zum Buschberg, einer Anhöhe mit einer Kapelle, die nicht nur ein legendenumwobener Wallfahrtsort ist, sondern auch als Kraftort gilt. Beim Abstieg über das «Horn» wird man an einer Lourdesgrotte vorbeigeführt und erreicht wenig später Wittnau.

Während sich das Laub der Bäume verfärbt, blüht die Herbstzeitlose.

FRICK – RUINE TIERSTEIN – WITTNAU

Die Grundmauern zeigen den komplizierten Bau der Ruine Tierstein.

Beim Abstieg nach Wittnau ist der Kirchturm bereits in Sicht.

Löcher von Spechten in einem alten Baumstamm im Waldreservat Tiersteinberg

ROUTE | Frick – Ruine Tierstein – Ruine Homberg – Wittnau

Anreise
Mit dem Zug via Brugg oder Basel nach Frick, oder mit dem Postauto von Aarau nach Frick.

Rückreise
Von Wittnau mit dem Postauto nach Frick oder Aarau.

Wanderzeit
2 Std. 30 Min.

Karte
Wanderkarte 1:50 000 214T Liestal

Einkehren/Übernachten
Mehrere Hotels und Restaurants in Frick, Gipf-Oberfrick und Wittnau.

Variante
Frick – Ruine Tierstein – Tiersteinberg – Buschberg – Horn – Wittnau, 3 Std. 20 Min.

Informationen
Aargau Tourismus:
Tel. 062 823 00 73, www.aargautourismus.ch.
Dreiklang Aare-Jura-Rhein:
Tel. 062 877 15 04, www.dreiklang.ch.
www.sauriermuseum-frick.ch,
Tel. 062 865 28 06. Geöffnet jeden ersten und dritten Sonntag im Monat von 14.00 bis 17.00 Uhr. Führungen für Gruppen (auch ausserhalb der Öffnungszeiten) auf Anmeldung möglich.

SALHÖHE – WASSERFLUH – AARAU

Einer der schönsten Aussichtspunkte im Aargauer Jura

Von Aarau aus überqueren gleich drei befahrbare Pässe den Jura. Der westlichste ist die Salhöhe auf der Grenze zum Kanton Solothurn. Nördlich des Passes kommt man auf jeden Fall in den Kanton Solothurn, der hier von der Geissfluh aus eine Ausstülpung gegen Norden bildet, deren Verbindungsstelle mit dem restlichen Kanton nur wenige hundert Meter breit ist. Von dieser Beinahe-Exklave kann man ins Fricktal abzweigen, womit man wieder in den Kanton Aargau gelangt, oder geradeaus weiter ins Ergolztal und damit in den Kanton Baselland. Von hier, das heisst vom Bahnhof Gelterkinden, fährt ein Postauto auf die Salhöhe, meistens ist die Verbindung von Aarau her jedoch besser. Die Haltestelle schreibt sich «Salhöhe», ebenso wird der Passname auch auf der Wanderkarte geschrieben. Es gibt aber auch andere Schreibweisen wie «Sahlhöhe» oder «Saalhöhe». Letztere Schreibweise benutzt das Passrestaurant «Waldgasthaus Chalet Saalhöhe», wo man sich vor dem Aufbruch noch verpflegen kann. Seit 1926 steht hier ein Gasthaus. Der Haupterwerb der ersten Besitzer war jedoch der Bauernhof. Das Gasthaus hatte nur vier Tische und bewirtete vorwiegend Gäste aus der wenige Kilometer entfernten Höhenklinik Barmelweid oder die seltenen Wandernden, die den Pass überquerten. Verschiedene Ausbauten und Besitzerwechsel folgten. 1958 bauten die Kantone Solothurn und Aargau die jetzige Strasse über den Pass. Die Salhöhe wurde ein beliebtes Ausflugsziel und der Gasthof gewann an Bedeutung. Die letzte Modernisierung erlebte das Chalet 1992, das heimelige Ambiente ist aber nach wie vor erhalten geblieben.

Zu Beginn der Wanderung ein Blick zu den «Salhöfen».

Auf dem Aussichtspunkt der Wasserfluh mit Blick zum Strihen, während im Tal noch das Nebelmeer wogt.

Einen Gegensatz zu dieser Behaglichkeit vermittelt der Bunker auf der anderen Strassenseite, der von der starken Befestigung des Fricktals während des Zweiten Weltkrieges zeugt. An ihm wandert man gleich zu Beginn vorbei. Der ganze Rest der Wanderung besteht hingegen nur noch aus Erfreulichem. Zuerst dem Waldrand entlang, dann über den bewaldeten Rücken, der sich mehr und mehr zu einem Grat verengt, strebt der Wanderweg der Wasserfluh entgegen. Der höchste Punkt (866 m. ü. M.) ist noch nichts Besonderes, man steht im Wald und hat vor allem Aussicht nach oben auf den in den Himmel strebenden Sendeturm. Doch wenige Schritte später steht man am östlichen Rand der Wasserfluh, etwa 20 Meter tiefer als der Gipfel im Wald, aber am Rand der Felsen, mit Geländern gesichert und einer herrlichen Aussicht, die in der ganzen Region seinesgleichen sucht. Bei gutem Wetter steht der Sicht gegen Norden zum Schwarzwald und gegen Süden zum Alpenbogen nichts im Weg. Auch der Blick über das Mittelland ist eindrücklich, am schönsten aber vielleicht dann, wenn im Tal das Nebelmeer wogt und man auf der Wasserfluh in die Sonne blinzelt.

Die Jurakette mit der Wasserfluh ist eine Wetterscheide zwischen Mittelland und Fricktal. Oft dämmert das Mittelland unter dem Hochnebel, während im Fricktal oder auch im Baselbiet die Sonne lacht. Je

Einer der schönsten Aussichtspunkte im Aargauer Jura

nach Höhe der Nebelgrenze ragt auch die Wasserfluh darüber hinaus und bietet Sonne und Wärme. Dank der Webcam auf der Wasserfluh, die Bilder von allen Himmelsrichtungen zeigt, kann man schon zu Hause am Computerbildschirm abklären, ob sich ein Ausflug lohnt.

Für den Weiterweg kann man sich den Wegweisern anvertrauen, die in Richtung Aarau zeigen. Man wandert dabei zuerst im Wald und am Rand des grössten Waldreservates des Kantons Aargau. Es ist 240 Hektaren gross und hat zum Ziel, Lebensraum für seltene und gefährdete Tiere und Pflanzen zu erhalten. Das bedeutet nicht, dass keine Eingriffe erfolgen. 2006 wurde beispielsweise ein grösserer Holzschlag durchgeführt, um lichtbedürftigen Pflanzen und wärmeliebenden Reptilien wieder mehr offene Flächen zu bieten.

Wege über Wiesen mit freier Sicht und Strecken durch ausgesprochen schönen, vielfältigen Wald wechseln sich ab. Wenig oberhalb von Aarau gelangt man zum «Alpenzeiger», einer originell gestalteten Panoramatafel bei einem Picknickplatz. Hier braucht es wiederum ein bisschen Wetterglück, damit man wirklich bis zu den Alpen sieht, aber auch die Sicht auf Aarau ist schön. Bald darauf schlendert man durch die attraktive Stadt mit manchen sehenswerten Ecken und einladenden Restaurants.

Während des Abstiegs in Richtung Aarau hat sich der Nebel aufgelöst und überraschende Gipfel erscheinen im Dunst.

Attraktive Wege führen durch das Waldreservat.

Bei «Chüerüti» trifft unser schmaler Wanderweg (hier kaum sichtbar) auf den breiten Flurweg.

Nicht von ungefähr kommt Aaraus Beiname «Stadt der schönen Giebel».

Einer der schönsten Aussichtspunkte im Aargauer Jura

AARAU

Aarau ist die Hauptstadt des 1803 gegründeten Kantons Aargau. Die Stadt wurde um 1240 vom Grafengeschlecht der Kyburger gegründet. Als Ende des 13. Jahrhunderts die Kyburger ausstarben, konnten die Habsburger deren sämtliche Ländereien kaufen. Später wurde Aarau von Bern erobert und stand um 1800, während der von Napoleon diktierten Helvetischen Republik, für kurze Zeit unter französischer Herrschaft. Die heutige Bausubstanz der Altstadt geht vorwiegend auf das 16. Jahrhundert zurück, als fast alle Gebäude, die noch aus dem Mittelalter stammten, ersetzt oder erweitert wurden. Einige sehenswerte Gebäude wie etwa das «Schlössli» aus der Gründungszeit sind jedoch bis heute fast unverändert geblieben. Aus dieser Zeit stammt auch das Obertor, das Wahrzeichen Aaraus, das im Lauf der Zeit jedoch zweimal aufgestockt wurde. Die Turmuhr von 1532 ist von solch guter Qualität, dass sie bis heute nur zweimal repariert werden musste. Ein herausragendes Merkmal im Stadtbild sind die über 70 reich geschmückten Altstadtgiebel. Deshalb erhielt Aarau auch den Beinamen «Stadt der schönen Giebel». Neben den vielen kulturgeschichtlichen Sehenswürdigkeiten beherbergt Aarau auch eines der modernsten Naturmuseen der Schweiz, das «Naturama», das die erstaunlich vielfältige Natur des Kantons Aargau mit aktuellsten Mitteln und Methoden präsentiert.

Die sonnigen Winkel in der Altstadt von Aarau werden fast zu jeder Jahreszeit ausgenutzt.

ROUTE Salhöhe – Wasserfluh – Aarau

Anreise
Mit dem Zug bis Aarau. Umsteigen und mit dem Bus bis «Salhöhe» (Linie 2).
Aus der Region Basel auch mit dem Zug bis Gelterkinden. Umsteigen und mit dem Postauto bis «Salhöhe» (nur wenige Verbindungen und nur auf Voranmeldung).

Rückreise
Ab Aarau mit dem Zug.

Wanderzeit
3 Std.

Karte
Wanderkarte 1:50 000 224T Olten
(für die Variante zusätzlich 214T Liestal)

Einkehren/Übernachten
Hotels und Restaurants in Aarau und Frick.
«Waldgasthaus Chalet Saalhöhe»:
Tel. 062 844 10 14, www.chalet-saalhoehe.ch.
Montag Ruhetag.
Bauernhof «Bitterli» auf der Salhöhe
(Restaurant mit Übernachtungsmöglichkeit):
Tel. 062 844 10 38.

Varianten
Wer lieber in der Höhe bleiben will: von der Wasserfluh ein Stück den gleichen Weg zurück, dann zum Bänkerjoch (Postauto) oder weiter zur Staffelegg (Restaurant und Postauto, vgl. Seite 190, Wanderung 30). Salhöhe – Wasserfluh – Bänkerjoch 1 Std. 50 Min., bis Staffelegg 2 Std. 30 Min.

Informationen
Aarau Info Verkehrsbüro:
Tel. 062 834 10 34, www.aarauinfo.ch.
Aargau Tourismus:
Tel. 062 823 00 73, www.aargautourismus.ch.
Dreiklang Aare-Jura-Rhein:
Tel. 062 877 15 04, www.dreiklang.ch.
«Naturama» Aarau:
Tel. 062 832 72 00, www.naturama.ch
(Montag geschlossen).
Webcam auf der Wasserfluh:
www.wasserfluh-aarau.ch.

Hinweis
Wanderung mit einigen steinigen und steileren Abschnitten, die genügend Trittsicherheit erfordern.

BÄNKERJOCH – STRIHEN – HERZNACH

29

Über den höchsten Aargauer Berg

Eigentlich gibt es höhere Punkte im Kanton Aargau als den Strihen. Wenige Kilometer westlich des Bänkerjochs wäre etwa die Geissfluh mit über 900 Meter über Meer, aber die gehört zu einem guten Teil auch zu den Kantonen Solothurn und Baselland. Auch der Stierenberg im Süden des Kantons bei Menziken ist mit 872 Meter über Meer höher als der Strihen, aber auch der Stierenberg ist nicht ein reiner Aargauer, sondern steht ein Stück im Kanton Luzern. Wenn die Frage lautet, welcher ganz im Kanton Aargau liegende Berg der höchste sei, dann ist der Strihen die richtige Antwort. Mit 866,7 Meter über Meer ist er der höchste, knapp vor der Wasserfluh (866 m), auf welche auch eine schöne Wanderung führt (Seite 173, Wanderung 28).

Wie auch immer man Gipfel definiert, sicher ist, dass über den Strihen eine attraktive Wanderung führt und dass man gar nicht so viele Höhenmeter zurücklegen muss, denn auf dem Bänkerjoch beginnt man die Wanderung bereits auf rund 670 Meter über Meer. Der Weg über den Strihen ist markiert, aber er ist noch nicht in allen Karten eingezeich-

Unterwegs am Strihen, mit Blick in Richtung Salhöhe und Geissfluh

net, da es sich um einen recht jungen Wanderweg handelt. Er wurde nämlich zum 200-Jahre-Jubiläum des Kantons Aargau im Jahr 2003 eröffnet und weil bis zur Aktualisierung von Wanderkarten mehrere Jahre vergehen können, findet man den Weg nur auf den neusten Ausgaben. Dank den Wegweisern und Markierungen ergeben sich aber keine Orientierungsschwierigkeiten.

Die Passstrasse über das Bänkerjoch verläuft fast parallel zur Strasse über die Staffelegg. Beide Pässe verbinden Frick mit Aarau. Das Bänkerjoch hat sich jedoch anscheinend nicht zu einem solch beliebten Ausflugsziel wie die Staffelegg entwickelt, denn während auf diesem Pass ein Restaurant steht, gibt es auf dem Bänkerjoch keine Einkehrmöglichkeit. Die Wanderung verlässt gleich bei der Postautohaltestelle die Passstrasse und folgt dem Waldrand am Fuss des Asperstrihen entlang in Richtung Stockmatt. Nachdem man einen ersten Hof passiert hat, gelangt man bald danach zur Verzweigung, wo der Weg zum Strihen nach oben abbiegt. Wer im Frühling, am besten etwa Mitte März, hier wandert, sollte sich jedoch ein besonderes Naturschauspiel nicht entgehen lassen und noch ein Stück geradeaus weiterwandern. Oberhalb der grossen Kurve, die zum nächsten Hof führt, befindet sich ein kleines Naturschutzgebiet, eine auf den ersten Blick unscheinbare Wiese

Der Wanderweg führt auch mal durch dichten Jungwuchs.

am Waldrand. Doch beim Näherkommen erkennt man auf einmal zahllose rot-violett leuchtende Blüten. Es handelt sich um die Gemeine Küchenschelle, von der man auch Zuchtformen in Gärten kennt. Die Wildpflanzen sind in der Schweiz stark gefährdet und streng geschützt. Für alle Blumen gilt, dass sie am schönsten draussen blühen, bei der Küchenschelle ist Pflücken jedoch strengstens verboten. Wer später in der Saison kommt, der findet noch die bärtigen Samenstände, oft «Haarmannli» genannt.

Wer die gemütlichere Variante wählt, wandert nun einfach geradeaus weiter, wer jedoch die Hauptroute über den Strihen auf dem Programm hat, geht die rund 300 Meter zurück zur Abzweigung und wählt nun den oberen Weg. Auf dem guten Flurweg gewinnt man in zwei weit ausholenden Schlaufen an Höhe. Ab einer Kreuzung im Wald führt dann ein schmaler Wanderpfad weiter bis auf den Gipfel des Strihen, der meist bewaldet ist, aber gegen Süden über Felsbänder hinweg eine schöne Jurasicht bietet. Auf dem höchsten Punkt befindet sich seit der Einrichtung des Weges auch eine Picknickstelle mit Feuerstelle und Sitzbank.

Weiter geht es über den ganzen Gipfelgrat des Strihen, zuerst etwas abwärts in einen gerodeten Sattel, dann noch einmal ansteigend zum Westgipfel, der nur etwa einen Meter tiefer liegt als der Hauptgipfel und

Blühender Frühling im Tal von Wölflinswil

auf dem ein Sendemast steht. Wiederum in mehreren Kehren steigt man über die Westseite des Strihen ab und trifft kurz vor einer Waldhütte, auch wieder ein Picknickplatz, mit der Variante zusammen. Der gemeinsame Weiterweg führt bald aus dem Wald hinaus. Schöne Blicke ins Tal von Wölflinswil mit Weiden, Äckern und Obstbaumkulturen bereichern den ganzen weiteren Weg, der zuerst über offenes Land, dann einem Waldrand entlangführt. Auf die andere Talseite wandert man zuletzt einer Geländerippe entlang hinab nach Herznach. Von dieser Rippe aus hat man noch einmal eine schöne Sicht südwärts zum Strihen. Gegen Norden wird der Blick von einem kuriosen Gebäude angezogen, einem trichterförmigen Haus mit einer Fensterreihe zuoberst. Schaut man auf die Karte, findet man dort den Eintrag «Bergwerk». Bei diesem Gebäude handelt es sich um das Eisenerzsilo des ehemaligen Bergwerks. Es ist ein Wahrzeichen von Herznach und beherbergt heute ein Restaurant mit Bed&Breakfast. Im Fricktal ist der Eisenerzabbau seit dem Mittelalter bezeugt. Unter den Hügeln zwischen Wölflinswil und Herznach befinden sich vermutlich die grössten Eisenerzvorkommen der Schweiz. Allerdings ist der Eisengehalt mit rund 30 Prozent sehr niedrig und der Gewinnungsaufwand daher sehr gross. Deshalb schlossen die meisten Gruben spätestens im 19. Jahrhundert. Das Bergwerk bei Herznach machte eine Ausnahme. Während des 20. Jahrhunderts war es ab 1937 einige Jahrzehnte in Betrieb, der Abbau lohnte sich vor allem während der Kriegsjahre. Bis zur Schliessung des Werks 1967 sollen rund 1,6 Millionen Tonnen Eisenerz gefördert worden sein.

Sicht nach Raibach und zu den Hängen von Gipf-Oberfrick, im Dunst dahinter bereits die Berge des Schwarzwalds

Beim Abstieg nach Herznach blickt man nochmals zurück zum Strihen.

Gemeine Küchenschellen (Pulsatilla vulgaris) bei der Stockmatt

ROUTE Bänkerjoch – Stockmatt – Strihen – Herznach

Anreise
Mit dem Zug nach Aarau oder Frick. Umsteigen und mit dem Postauto bis «Benkerjoch, Passhöhe».

Rückreise
Von «Herznach, Post» mit dem Postauto zu den Bahnhöfen von Frick oder Aarau.

Wanderzeit
2 Std. 45 Min.

Karte
Wanderkarte 1:50 000 214T Liestal

Einkehren/Übernachten
Restaurants und Hotels in Herznach, Aarau und Frick.
Erlebnisgastronomie im «Bergwerksilo», Herznach: Tel. 062 534 02 44, www.bergwerksilo.ch.

Variante
Von Stockmatt nicht auf den Gipfel, sondern am Fuss des Strihen entlang. Ca. 30 Min. kürzer.

Informationen
Aarau Info Verkehrsbüro:
Tel. 062 834 10 34, www.aarauinfo.ch.
Aargau Tourismus:
Tel. 062 823 00 73, www.aargautourismus.ch.
Dreiklang Aare-Jura-Rhein:
Tel. 062 877 15 04, www.dreiklang.ch.
www.herznach.ch.

LINN – STAFFELEGG

30

Das Wunder der 800-jährigen Linde

Bei dieser Wanderung steht man ein wenig vor der Qual der Wahl, in welcher Richtung man sie unternehmen soll. Die Wanderung dauert in beiden Richtungen etwa gleich lange. Beginnt man auf der Staffelegg, kann man dort vor dem Aufbruch noch einen Kaffee trinken und beendet die Wanderung bei der Linde von Linn, dem eigentlichen Höhepunkt dieses Ausflugs. Nur hat es dort leider keine Einkehrmöglichkeit und man muss dazu erst mit dem Postauto nach Brugg fahren. In der anderen Richtung, wie wir die Wanderung hier beschreiben, beginnt man zwar gleich mit dem Höhepunkt, dafür lädt am Schluss auf der Staffelegg das Restaurant zur gemütlichen Einkehr.

Es erweist sich als gar nicht schlecht, die Wanderung beim Höhepunkt, bei der Linde von Linn, zu beginnen. Denn während der anschliessenden Wanderung regt der 800-jährige Baum zu manchen Gedanken und Gesprächen an. Was hat diese Linde wohl alles erlebt? Was ist wohl in den letzten 800 Jahren alles geschehen, hier in der Region und in der weiten Welt?

Hat man sich am Baum-Wunder sattgesehen, beginnt die Wanderung mit einem ersten Aufstieg zum Linnerberg. Zuerst geht der Weg durch die Felder der gerodeten Bergflanke, von wo aus man immer wieder zur Linde zurückschauen muss und auch schöne Blicke über das Dorf und

Oft durchtrennen schmale Einschnitte die Jurahöhen, wie hier zwischen Homberg (rechts) und Würz.

Einzelbäume, Hecken und offene Felder wechseln sich bei Chillholz ab.

Weitblick über Linn und über die schollenförmigen Höhen des Tafeljuras.

Am Waldrand bei Älmhard blickt man einmal mehr in die Weiten des Juras

Kleiner Brunnen am Wegrand

die Erhebungen des Aargauer Juras hat. Noch sieht man vorwiegend schollenförmige Berge des Tafeljuras. Wir befinden uns jedoch am Übergang zum Kettenjura und werden gegen Westen mehr und mehr runde Bergformen erkennen. Die Höhe des Linnerbergs ist ein bewaldeter Rücken, der jedoch immer wieder die Sicht gegen Südosten frei gibt, über das Aaretal und das Aargauer Mitteland hinweg und bei klarem Himmel zu den Innerschweizer Voralpen und Alpen. Auf der Höhe des Linnerbergs lädt ein liebevoll eingerichteter Grillplatz zur ersten Rast ein.

Etwas absteigend wandert man anschliessend zum Chillholz, einem landschaftlich besonders reizvollen Abschnitt. Hohe Einzelbäume, Hecken und weite Felder mit ungehinderter Aussicht wechseln sich ab. Weiter wandert man in leichtem Auf und Ab auf guten Wegen durch Feld und Wald. Nördlich des Bergrückens Hard wartet nochmals ein Picknickplatz, dann überquert der Wanderweg den Hard und erreicht hier mit etwa 750 Meter über Meer den höchsten Punkt der Wanderung. Nun geht es nur noch um ein paar Geländeecken, bis die Staffelegg in Sichtweite ist. Mit Blick auf die markante Wasserfluh, auf welche ebenfalls eine lohnende Wanderung führt (siehe Seite 173, Wanderung 28), wandert man zum Pass hinunter, der die Kantonshauptstadt Aarau mit dem Fricktal verbindet. Mit 621 Meter über Meer ist die Staffelegg zwar ein niedriger Jurapass, das tut jedoch der Schönheit seiner Landschaft keinen Abbruch. Die Beliebtheit der Umgebung zeigt sich auch am gut besuchten Restaurant auf der Staffelegg, wo man gerne noch einige Zeit bis zur Abfahrt des Postautos verbringt.

Wer zudem noch Lust auf einige Schritte mehr verspürt, kann von der Staffelegg über den Geologie-Pfad in etwa einer halben Stunde nach Küttigen hinunterwandern und erfährt auf mehreren Informationstafeln viel Interessantes über die Entstehung des Juragebirges und über die Fossilien dieser Gegend.

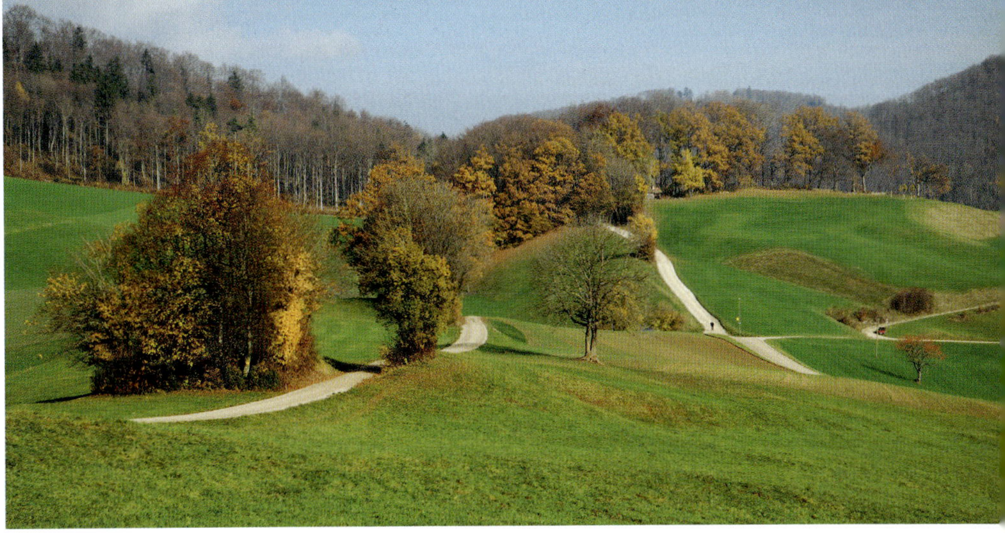

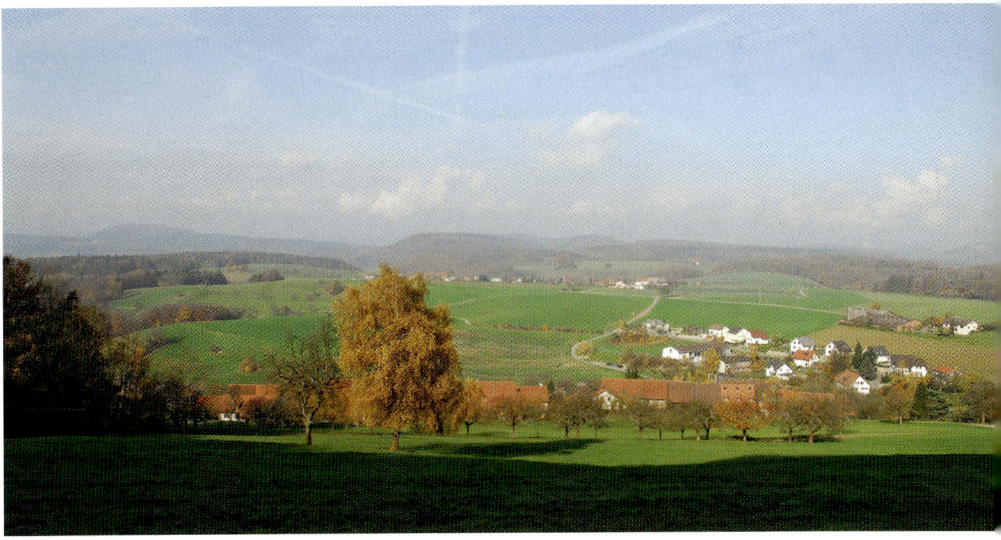

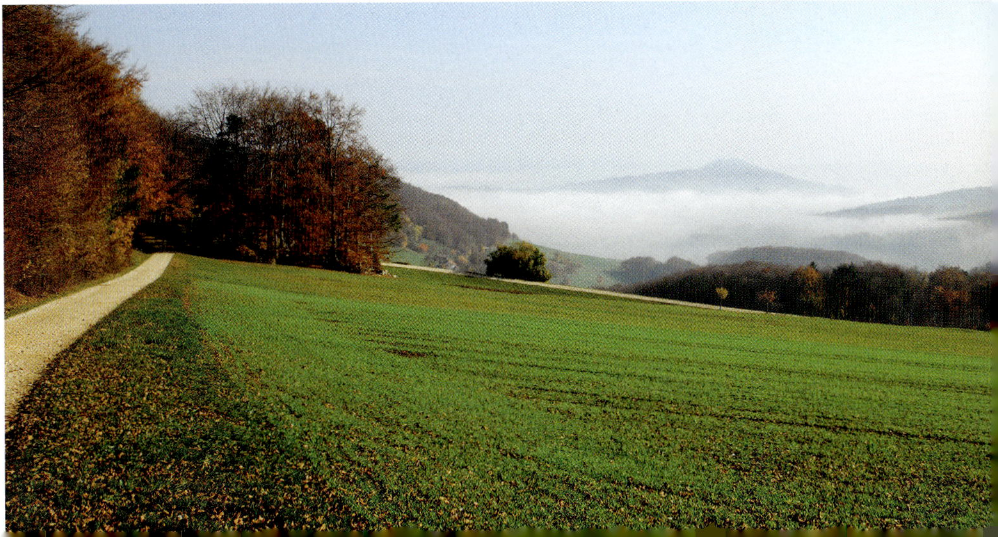

Kurz vor der Staffelegg, mit Blick zu
Herzberg (links) und Strihen

Die mächtige und uralte
Linde von Linn regt zu vielen
Gedanken an.

DIE LINDE VON LINN

Im 16. und 17. Jahrhundert wütete in der Region mehrmals die Pest und raffte zwei Drittel der Bevölkerung dahin. Nach einer Legende soll einer der letzten Überlebenden von Linn die Linde zum Gedenken an die Verstorbenen und zum Schutz vor weiteren Seuchen gepflanzt haben. Die Linde muss jedoch wesentlich älter sein. Man schätzt sie auf 600 bis über 800 Jahre. Sie soll die älteste Linde der Schweiz sein. In manchen Quellen liest man sogar, sie sei die älteste Linde von Europa. Linn, der Name des Dorfes, klang schon in altdeutschen Formen ähnlich (z. B. Lind, Linte usw.) und bedeutete schon damals so viel wie «Linde» oder «beim Lindengehölz». Eine Linde ziert auch das Wappen der Gemeinde. Ob sich der Dorfname, der bereits um 1300 urkundlich erwähnt wird, auf die Linde bezieht, die wir noch heute bewundern können, weiss man nicht. Vom Alter her wäre es möglich. Heute ist die Linde gegen 25 Meter hoch und hat einen Stamm-Umfang von 11 Metern. Möchte man den Stamm mit den Armen umgreifen, braucht es dazu, je nach Körpergrösse, in der Regel mindestens sieben oder acht Personen, die ihre Arme ausstrecken und sich mit den Fingerspitzen berühren. Die Linde hat in ihrer Geschichte einige Schäden erlitten. Mehrmals wurde sie von Brand beschädigt und an ihrer exponierten Lage auf einer Anhöhe neben dem Dorf ist sie dem Wetter ungeschützt ausgesetzt.

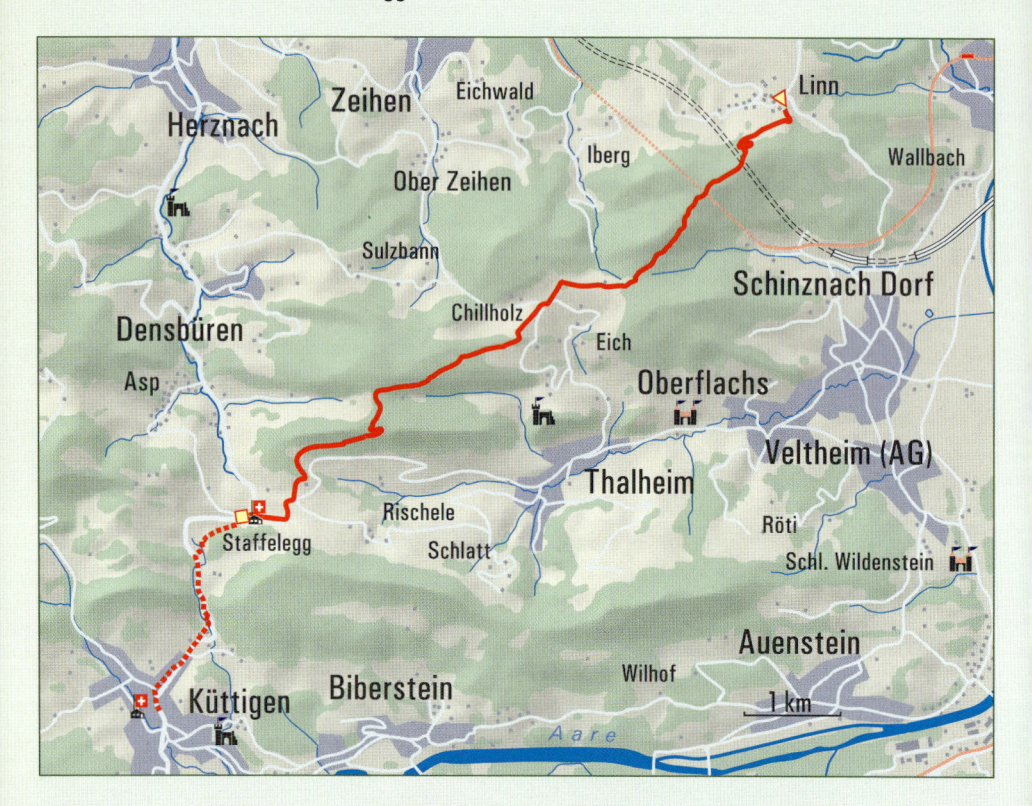

ROUTE | Linn – Chillholz – Staffelegg

Anreise
Mit dem Zug bis Brugg AG. Umsteigen auf das Postauto nach «Linn, Linde».

Rückreise
Von «Staffelegg, Passhöhe» mit dem Postauto zu den Bahnhöfen von Aarau oder Frick.

Wanderzeit
2 Std. 15 Min.

Karten
Wanderkarten 1:50 000 214T Liestal, 224T Olten

Einkehren/Übernachten
Hotels und Restaurants in Brugg, Aarau, Küttigen und Frick.
Restaurant «Staffelegg»:
Tel. 062 878 16 88. Montag Ruhetag.

Variante
Von Staffelegg weiter auf dem Geopfad nach Küttigen (Postauto nach Aarau), 40 Min.

Informationen
Tourismus Region Brugg:
Tel. 079 851 37 44, www.regionbrugg.ch.
Aarau Info Verkehrsbüro:
Tel. 062 834 10 34, www.aarauinfo.ch.
Aargau Tourismus:
Tel. 062 823 00 73, www.aargautourismus.ch.
Dreiklang Aare-Jura-Rhein:
Tel. 062 877 15 04, www.dreiklang.ch.

ORTSVERZEICHNIS

A
Aarau 169, 172 ff., 184, 186, 190
Alle 101 ff.
Arisdorf 162
Arlesheim 129, 143 ff.
Augst 161

B
Balm bei Günsberg 122 f.
Balmberg 119 ff.
Balsthal 137 ff., 160
Basel 123, 125, 129 ff., 143 ff., 157 ff.
Bellelay 89 ff.
Bôle 41 ff.
Bonfol 101 ff.
Boudry 43, 46
Brislach 132
Brot-Dessus 40
Bubendorf 149 ff.

C
Champ du Moulin 43, 46
Champoz 95 ff.
Chapelle-des-Bois 13
Cortébert 82
Court 95 ff.
Courtelary 62 f., 77 ff.
Croy 23 ff.

D
Delémont/Delsberg 92, 107, 113 ff.
Diesse 83 ff.
Dombresson 67
Dornach 125, 143, 148

F
Farnern 119 ff.
Flüh 125, 130
Frick 167 ff., 178 ff., 190

G
Gempen 143 ff.
Gipf-Oberfrick 167, 172, 182
Glovelier 107 ff.
Grellingen 131 ff.

H
Herznach 179 ff.
Himmelried 132 f.

K
Küttigen 186, 190

L
La Chaux-des-Breuleux 71 ff.
La Golisse 11 ff.
La Neuveville 70, 86, 88
La Sagne 35 ff., 91, 94
La Sarraz 25, 28
La Theurre 76
La-Chaux-de-Fonds 33 f., 53, 67
Lamboing 86 f.
Langenbruck 149, 159 f.
Laufen 125 ff.
Le Landeron 70
Le Lieu 13 ff.
Le Locle 29, 34 ff.
Le Noirmont 53 ff.
Le Pont 11 ff.
Le Rocheray 13, 16
Les Bois 53 ff.
Les Brenets 29 ff.
Les Breuleux 59 ff.
Les Frêtes 34
Les Genevez 90 ff.
Les Ponts-de-Martel 35 ff.
Les Prés-d'Orvin 70, 83 ff.
Les Reussilles 71 ff.
Leymen 125
Liestal 149, 154, 159 ff.
Ligerz 86 f.
Lignières 69 f.
Linn 185 ff.

M
Malleray-Bévilard 98
Mariastein 125 ff.
Meltingen 131 ff.
Mettembert 113 ff.
Metzerlen-Mariastein 125 f.
Montfaucon 57
Montmelon 109, 112
Moutier 89, 97 ff.

N
Neuchâtel/Neuenburg 21, 35, 46 ff., 65, 67
Nidau (Vallon du Nozon) 28
Nods 65
Noiraigue 40 ff.
Nusshof 161

O
Oberdorf 124
Orvin 84

P
Perrefitte 98, 100
Porrentruy/Pruntrut 103 ff.
Prêles 86, 88

R
Reconvilier 77, 89, 94
Reigoldswil 137 ff.
Rodersdorf 125
Romainmôtier 21, 23 ff.

S
Saicourt 94
Saignelégier 76
Schupfart 168
Sissach 161, 166
Solliat-Golisse 13, 16
Solothurn 124, 134
Soubey 112
Soyhières 116 f.
St-Imier 59, 62, 77 ff.
St. Loup 25, 28
St. Ursanne/Saint-Ursanne 107 ff.

T
Tavannes 53, 89
Titterten 149 ff.
Tramelan 77 ff., 89 ff.
Travers 46

V
Vallorbe 15, 21 f.
Vaulion 17 ff.
Vendlincourt 103, 106
Villiers 65 ff.

W
Waldenburg 155 ff.
Welschenrohr 120
Wiedlisbach 124
Wintersingen 161
Wittnau 167 ff.
Wölflinswil 182

Z
Zwingen 142

VERSCHENKEN SIE DAS Wanderland ⊞

- Unterhaltsame und informative Wanderreportagen
- In jeder Ausgabe 8 Wandervorschläge zum Heraustrennen und Sammeln – mit Karte, Streckenprofil, Marschzeiten, Verkehrsverbindungen, Restaurants am Weg, Übernachtungsmöglichkeiten und Sehenswürdigkeiten.
- Interessantes rund ums Wandern über Natur, Gesundheit und Ausrüstung
- Wandern im Ausland
- und vieles mehr

Neuabonnenten erhalten eine Karte der Schweizer Wanderwege nach Wahl im Wert von Fr. 22.50.

☐ Bitte senden Sie mir eine kostenlose Probenummer des «Wanderlandes Schweiz»
☐ 1 Jahr/6 Ausgaben Fr. 46.–

Meine Adresse/Rechnungsadresse

Name, Vorname
Strasse
PLZ/Ort
Datum   Unterschrift
Telefon   E-Mail

Geschenkabonnement geht an:

Name, Vorname
Strasse
PLZ/Ort

Einsenden an: Wanderland Schweiz, Abonnemente,
Industriestrasse 37, 3178 Bösingen
Telefon +41 (0)31 740 97 85, Fax +41 (0)31 740 97 76
abo-wanderland@wandern.ch

Schweizer Wanderwege
Suisse Rando
Sentieri Svizzeri
Sendas Svizras